AF493735

DOCTRINES PSYCHOLOGIQUES

DE

SAINT GRÉGOIRE DE NYSSE,

THÈSE

PRÉSENTÉE A LA FACULTÉ DES LETTRES DE RENNES,

Par l'Abbé P. BOUËDRON,

LICENCIÉ ÈS LETTRES.

> Δεῖ, οἶμαι, τῶν περὶ τὸν ἄνθρωπον ἁπάντων, τῶν τε προγεγενῆσθαι πεπιστευμένων, καὶ τῶν εἰς ὕστερον ἐκϐήσεσθαι προσδοκωμένων, καὶ τῶν νῦν θεωρουμένων μηδὲν παραλιπεῖν ἀνεξέταστον.
>
> S. Greg. Nyss. de Opif. Homin., p. 128, A. B.

NANTES,

IMPRIMERIE H. CHARPENTIER,

RUE DE LA FOSSE, 32.

1861.

DOCTRINES

PSYCHOLOGIQUES

DE

SAINT GRÉGOIRE DE NYSSE,

THÈSE

PRÉSENTÉE A LA FACULTÉ DES LETTRES DE RENNES,

Par l'Abbé P. BOUËDRON,

LICENCIÉ ÈS LETTRES.

> Δεῖ, οἶμαι, τῶν περὶ τὸν ἄνθρωπον ἁπάντων, τῶν τε προγεγενῆσθαι πεπιστευμένων, καὶ τῶν εἰς ὕστερον ἐκβήσεσθαι προσδοκωμένων, καὶ τῶν νῦν θεωρουμένων μηδὲν παραλιπεῖν ἀνεξέταστον.
>
> S. Greg. Nyss. de Opif. Homin., p. 128, A. B.

NANTES,

IMPRIMERIE H. CHARPENTIER,

RUE DE LA FOSSE, 32.

1861.

A MONSEIGNEUR

A. M. A. JAQUEMET,

ÉVÊQUE DE NANTES.

HOMMAGE D'UNE PROFONDE VÉNÉRATION.

P. BOUËDRON.

DOCTRINES

PSYCHOLOGIQUES

DE

SAINT GRÉGOIRE DE NYSSE.

CHAPITRE PREMIER.

Travaux Psychologiques de saint Grégoire.

§ I.

Saint Grégoire a composé deux ouvrages importants sur l'âme : un traité de la Formation de l'Homme et un dialogue intitulé de l'Ame et de la Résurrection. Les circonstances qui inspirèrent le livre de l'Ame et de la Résurrection ont été racontées par saint Grégoire lui-même, dans sa lettre au moine Olympius sur la vie de sainte Macrine. Elles sont dignes d'être connues.

Sainte Macrine était l'aînée des dix enfants de sainte Emmélia, et sœur de saint Basile, de saint Grégoire de Nysse et de saint Pierre de Sébaste. Elle gouvernait un monastère de vierges situé sur les bords de la petite rivière de l'Iris, qui coule au milieu de la province du Pont (1). Sainte Emmélia s'y était retirée avec sa fille, et elle y avait fini ses jours dans un âge très-avancé (2). Les tribulations auxquelles les Églises d'Orient avaient été livrées par la fureur des Ariens triomphants sous l'empereur Valens, n'avaient pas permis à Grégoire de visiter sa sœur; il ne l'avait pas vue depuis huit ans, lorsque arriva la mort de saint Basile (3). Neuf mois après ce triste événement, qui « fut une source de deuil pour la Cappadoce et l'Église tout entière, » saint Grégoire, pressé plus que jamais du désir de revoir sa sœur, se rendit enfin au monastère de l'Iris (4). C'était l'esprit de Dieu qui l'excitait à aller recevoir le dernier soupir de sainte Macrine. En arrivant au monastère, il se rendit tout d'abord à l'église, où l'attendaient les vierges prévenues de son arrivée. L'évêque de Nysse pria quelque temps avec elles, et les bénit dans le Seigneur; mais il chercha inutilement sa sœur au milieu des vierges : une grave maladie l'empêchait d'assister à la prière publique (5). On l'introduisit dans la chambre où se trouvait Macrine-la-Grande : c'est le nom que saint Grégoire lui donne toujours, ἡ Μεγάλη. « Elle ne reposait, dit-il, ni sur un lit, ni sur des couvertures; elle reposait à terre : une planche recouverte d'un cilice lui servait de lit, et elle avait la tête appuyée sur une autre planche.... Lorsqu'elle me vit entrer, appuyant la main sur le sol, elle se redressa autant qu'elle put, en signe de respect. Mais moi, je courus à elle, je la soutins un peu entre mes bras, et je la forçai de se rasseoir sur sa couche (6). » Élevant alors les mains vers Dieu : « O Dieu, s'écria-t-elle, je vous rends grâce de la

(1) Cf. Greg. Nyss. de Vitâ S. Macrinæ. Edit. Migne, p. 968, B.
(2) Cf. Ibidem, p. 973, A. B.
(3) Cf. Ibidem, p. 976, A. B.
(4) Cf. Ibidem, p. 973, C. D.
(5) Cf. de Vitâ S. Macrinæ, p. 976, B. D.
(6) Ibidem, p. 976, D., et 977, A. B.

faveur que vous m'accordez, car vous ne m'avez point refusé ce que je désirais, et vous avez envoyé votre serviteur visiter votre servante (1). »

Il y eut de longs entretiens entre le frère et la sœur, Macrine s'efforçant de dissimuler son mal et cherchant à mettre de la gaîté dans la conversation, afin que la tristesse ne s'emparât pas du cœur de son frère. Mais la suite de nos entretiens, dit saint Grégoire, nous ayant amenés au souvenir de Basile, mon âme fut remplie de douleur et mon visage parut consterné (2). Macrine ne partagea point mon abattement. Loin de là, elle se servit du souvenir de Basile pour s'élever à la plus sublime philosophie.

« Elle parla des choses humaines et de leurs causes; elle pénétra les voies cachées de la Providence dans les adversités ; puis elle dit des choses si admirables sur la vie future, qu'elles semblaient dictées par l'Esprit Saint (3). » — « J'étais profondément ému, ajoute saint Grégoire; j'étais comme élevé au-dessus de la nature humaine et initié aux impénétrables mystères du Ciel.... Que si je ne craignais de prolonger infiniment cet écrit, je vous raconterais tout ce qu'elle me disait alors ; comment elle fut amenée à philosopher sur l'âme, à parler de l'homme, de sa vie terrestre, de ses fins, de sa mort et de cette autre vie dont il jouit éternellement après la dissolution de son corps. Elle me dit toutes ces choses, comme ravie par l'Esprit Saint, avec une telle clarté et une telle raison, que la sagesse paraissait couler de ses lèvres, comme une eau limpide coule de sa source (4). »

Quand elle eut fini : « Mon frère, me dit-elle, il est temps que vous vous reposiez et que vous preniez soin de votre corps

(1) De Vitâ S. Macrinæ, p. 977, A. B.

(2) Cf. Ibidem, p. 977.

(3) De Vit. S. Macrinæ, p. 977, A. B.

(4) Ibidem, p. 977. D.

fatigué d'une longue route. » — Pour moi, quoique sa vue et sa conversation m'eussent déjà procuré un véritable soulagement, je ne voulus pas lui désobéir, et je me retirai dans les jardins, où je trouvai un lieu propre au repos, sous les ombrages des arbres. Mais quelque agréable que fût ce lieu, je ne pus reposer, tant mon cœur était agité des tristes pressentiments de l'avenir (1)....

Incapable de dominer ses inquiétudes, Grégoire ne tarda pas à revenir auprès de sa sœur. Il s'entretint avec elle des conseils admirables dont la Providence avait usé envers leur famille, jusqu'au moment où les voix des vierges qui chantaient en chœur l'appelèrent à l'église. Il quitta sa sœur pour aller prendre part à l'office qui se célébrait tous les soirs à la lueur des lampes (2). L'évêque de Nysse décrit ensuite les circonstances de la mort de sainte Macrine, arrivée le lendemain, les larmes des vierges contenues jusque-là par le respect et la crainte de déplaire à celle qu'elles vénéraient comme une mère, les honneurs qu'il lui fit rendre, et l'immense concours qu'il y eut à ses funérailles : tous les habitants des lieux circonvoisins, hommes et femmes, étant accourus au premier bruit de cette mort (3).

Ce que saint Grégoire n'avait pas voulu raconter au moine Olympius dans la crainte d'être trop long, il en a consacré le souvenir dans un ouvrage qui est tout rempli de la grave pensée de la mort. Le livre est intitulé *Macrinia*, en mémoire d'une sœur dont il s'honore d'avoir été le disciple. Il lui a donné la forme du dialogue, probablement pour reproduire plus fidèlement cette sublime leçon de philosophie, commencée et poursuivie sur le bord de la tombe qui va bientôt séparer le frère de la sœur, le disciple de son maître. Grégoire, accablé

(1) Cf. de Vit. S. Macrinæ, p. 977, D.
(2) Cf. de Vit. S. Macrinæ, p. 980 et 981.
(3) Cf. Ibidem, p. 981, 984, 985, 992, D.

de tristesse, semble douter des éternelles destinées de l'homme. Macrine, au contraire, tranquille au milieu de ses propres douleurs, et comme illuminée des clartés que donnent les derniers moments, répond à toutes les difficultés que le chagrin suggère à son frère sur la mort, sur la Providence, principalement sur l'âme et la vie future (1). Elle commence par lui rappeler les grandes paroles de l'Apôtre : « Il ne faut pas pleurer sur ceux qui dorment : la douleur n'est permise qu'à ceux qui n'ont pas l'espérance (2). »

Hélas! s'écrie saint Grégoire, comment ne pas être triste en pensant à la mort! La nature elle-même nous en inspire la crainte; on ne peut voir mourir quelqu'un sans frissonner d'horreur; les hommes ne paraissent occupés que des moyens d'éviter la mort (3). — « Mais, répond sainte Macrine, qu'est-ce que la mort a donc de si effrayant par elle-même? car les terreurs qu'elle inspire aux hommes qui se servent le moins de leur raison, ne sont pas des motifs suffisants de se récrier contre elle (4). » — Ce qu'elle a de terrible? Est-il un spectacle plus triste? Comment considérer sans frémir ses ravages sur le corps qu'elle a atteint? Et l'âme, que devient-elle? où va-t-elle, lorsqu'elle a quitté le corps que sa présence faisait vivre (5)? — Macrine, interrompant son disciple à cette question : « Craindriez-vous, lui dit-elle, que l'âme ne vive pas éternellement, et qu'elle périsse au moment où le corps tombe en dissolution (6)? »

Saint Grégoire fit alors une réponse qu'il attribue à la perturbation de ses pensées, mais qui amena toute cette discussion

(1) Cf. Greg. Nys. de Anim. et Resur., p. 12, A. B.
(2) I Thess. IV, 12.
(3) Cf. de Anim. et Resur., p. 15. A. C.
(4) Ibidem, p. 16, A.
(5) Cf. Ibidem, p. 16, A. C.
(6) Ibidem, p. 17. A.

philosophique dont il nous a transmis le souvenir. « Les divines Écritures, dit-il, nous enseignent, il est vrai, que l'âme ne cessera jamais de vivre; mais notre raison est impuissante à concevoir cette vérité. Aussi subissons-nous cette croyance plutôt que nous ne l'embrassons avec une pleine spontanéité. Voilà pourquoi nous sommes attristés en pensant à ceux qui sont morts, car nous ne pouvons discerner si le principe vivifiant qui était en nous subsiste toujours après la dissolution du corps (1).... La question de la vie future est cependant bien importante : elle est le fondement de ce qu'il y a de plus beau dans la vie, de la vertu. Les hommes ne s'inquièteront pas de la vertu, s'ils n'ont une foi inébranlable à l'immortelle durée des âmes. Comment la pensée du bien trouverait-elle place dans les cœurs, si l'on croit que tout se borne à la vie présente et qu'il n'y a plus rien au-delà (2) ? »

Ces paroles étaient une véritable provocation à un débat philosophique sur la vie future. Sainte Macrine accepte la discussion : elle laisse à son frère le rôle d'agresseur, plus en harmonie avec les impressions de tristesse qui le dominent. « Chargez-vous, lui dit-elle, de soutenir et de défendre l'opinion contraire; car je vois à l'agitation de votre pensée que vous êtes tout préparé à remplir ce rôle (3). »

Une discussion philosophique s'engage donc entre le frère et la sœur. La question de la vie future, proposée d'abord, est aussitôt ramenée à son point de départ naturel : l'existence et la nature de l'âme. Sainte Macrine conduit peu à peu son disciple à reconnaître que la nature de l'âme est incorporelle et sans étendue. Elle conclut de la spiritualité du principe intelligent que sa substance est immortelle et incorruptible, comme la substance même de Dieu, dont il est la vivante image. Là ne

(1) De Anim. et Resur., p. 17. A. B.
(2) De Anim. et Resur., p. 20. A. B.
(3) Ibidem, p. 20. B.

se borne point la discussion ; presque toutes les autres questions qui concernent l'âme sont exposées et débattues. On traite de son unité, de son union avec le corps, de ses facultés, de ses aspirations vers la vérité et le bien, des passions qu'elle nourrit en elle-même, de leur utilité et de leurs effets pernicieux. La question de la résurrection occupe aussi une large place dans la controverse : elle y est étudiée au double point de vue de la foi et de la philosophie, peut-être plus encore au point de vue de la philosophie qu'à celui de la foi.

Ce n'est pas le moment d'apprécier la valeur des doctrines exprimées dans le dialogue sur l'Ame et la Résurrection. Cet examen sera l'objet des études que nous nous proposons de faire sur la Psychologie de saint Grégoire. Observons seulement qu'il ne faut pas chercher dans le livre de l'Ame l'ordre et la régularité d'un traité didactique. C'est une discussion improvisée que saint Grégoire a voulu retracer aussi fidèlement que possible. Son ouvrage a toute la libre allure de la conversation, je dirais presque qu'il en a la hardiesse, tant le frère et la sœur semblent prendre plaisir à caresser certaines hypothèses, laissées par la foi aux investigations des philosophes. Il y a de fréquentes digressions ; plusieurs questions sont tour à tour commencées, abandonnées, puis reprises et présentées sous un aspect qu'elles n'avaient pas d'abord. Tout cela est peut-être fait à dessein pour intéresser le lecteur, et lui épargner les ennuis qui naitraient de l'exposition trop méthodique de théories naturellement arides. Plus probablement, il faut en chercher la cause dans le but que saint Grégoire s'est proposé : reproduire avec une exactitude scrupuleuse un entretien qui lui a laissé les plus profondes impressions, exposer une doctrine philosophique qui est la sienne, mais qui est en même temps celle d'une sœur pour laquelle il est rempli d'amour, qu'il regarde comme la gloire de sa famille, dont il respecte à la fois le caractère, la sainteté et le génie.

§ II.

Saint Basile avait fait d'admirables commentaires sur la création du *monde*, telle qu'elle est racontée par Moïse, au premier chapitre de la Genèse. « Il avait rendu l'œuvre de Dieu accessible à toutes les intelligences, » selon l'expression de saint Grégoire (1). Malheureusement ces belles leçons, dans lesquelles l'évêque de Césarée expliquait aux chrétiens l'histoire et la philosophie de l'univers, restaient incomplètes et inachevées à sa mort. Elles s'arrêtaient à la création de l'homme : saint Basile n'avait rien dit de celui des ouvrages de Dieu qui porte la plus vive empreinte de sa puissance, de sa sagesse et de sa bonté (2).

L'évêque de Nysse eut la pensée de continuer l'œuvre de son frère. La grandeur de l'entreprise l'effrayait; mais il était vivement excité par son amour fraternel, par la reconnaissance dont il se sentait animé envers celui qu'il ne regardait pas seulement comme un frère, mais comme un père et un maître (3). Ne serait-ce pas une tache à la mémoire de saint Basile, si aucun de ses disciples ne poursuivait son dessein? Ne supposerait-on pas qu'il aurait refusé de les initier à la philosophie des œuvres de Dieu (4)?

Encouragé par ces considérations, saint Grégoire se met résolument au travail. Il se propose d'étudier le principal ouvrage du Créateur jusque dans ses moindres parties : « Il n'oubliera rien de ce qui concerne son origine ou sa fin, rien de ce

(1) Greg. Nyss. de Opif. Homin., p. 125, B. C.

(2) Cf. Greg. Nyss. de Opif. Homin., p. 125, B. C. D.

(3) Cf. Ibidem.

(4) Cf. Ibidem.

qui constitue sa nature et de ce que nous apercevons dans l'homme (1). » Ses ressources, il les demandera d'abord aux Saintes Lettres, ensuite aux raisonnements et aux conjectures de la philosophie (2). Quant aux résultats de ses efforts, il consent à prendre pour lui tous les reproches que méritera l'imperfection de son travail; il renvoie à son frère tout ce que le lecteur y trouvera de beauté et de lumière (3).

On peut conclure de ces considérations, que saint Grégoire a placées en tête de son livre sur la création de l'homme, qu'il fut écrit peu de temps après la mort de saint Basile, vers l'an 380, à peu près à l'époque où fut composé le dialogue sur l'Ame et la Résurrection, époque intéressante dans la vie de l'évêque de Nysse, et par la persévérance de ses investigations psychologiques, et par les souvenirs qu'il consacre aux membres les plus chers de sa famille. Il raconte la vie de sainte Macrine, et ce récit lui fournit l'occasion d'exprimer toute l'ardeur de ses affections domestiques; il transmet à la postérité une magnifique philosophie de l'âme, recueillie des lèvres mourantes de cette sœur vénérée, au milieu même de leurs derniers adieux; enfin, il continue l'œuvre commencée par saint Basile, parce qu'il ne veut pas qu'il manque quelque chose à la gloire de son frère. Le dialogue avec sainte Macrine et le traité de la Formation de l'Homme ont d'ailleurs une grande ressemblance pour le fond du sujet : c'est la question de l'âme qui occupe la principale place dans les deux ouvrages.

Le traité de la Formation de l'Homme est divisé en trente chapitres. Les premiers renferment des considérations générales sur l'homme et sur les circonstances de son apparition dans le monde. Saint Grégoire explique pourquoi il fut créé le dernier de tous les êtres, et il rattache ainsi l'histoire de l'homme à

(1) Greg. de Opif. Homin., p. 128, A. B.
(2) Cf. Ibidem, B. C.
(3) Cf. Ibidem, p. 125, D.

l'histoire des autres parties de la création, racontée par saint Basile.

« Le ciel, la terre et les choses intermédiaires entre le ciel et la terre sont achevées. Chaque ouvrage de Dieu a sa richesse et sa beauté particulières : le ciel a la splendeur de ses astres, la mer ses poissons, l'air ses oiseaux, la terre ses montagnes et ses vallées, ses fleurs et ses fruits, ses arbres et ses plantes... Tous les animaux auxquels le bon plaisir de Dieu a donné la vie, bondissent dans les vallées ou dans les bois... Le chant des oiseaux retentit partout comme une délicieuse harmonie... Toutes les richesses de la terre sont prêtes ; celui-là seul qui doit jouir de ces merveilles, l'homme, qui en est la plus admirable, n'existe pas encore (1). »

Il devait en être ainsi ; car il fallait préparer le royaume et le palais avant que le roi vînt commander en son royaume et résider en son palais. Le royaume de l'homme, « c'est la terre, ce sont les îles, la mer, le ciel lui-même qui est jeté comme un toit sur le palais de l'homme (2)..... Dieu créa donc l'homme après tant de merveilles, afin qu'il en fût le maître et le spectateur, afin que, jouissant d'une partie des créatures, il comprît la sagesse du Créateur, et que par la beauté ou la grandeur des autres il eût une idée de l'infinie et ineffable puissance de Dieu (3). L'homme fut créé le dernier, non parce qu'il est inférieur aux autres créatures, mais parce qu'il devait être le roi de l'univers dès le premier instant de son existence... Dieu lui donna une double nature : une âme et un corps, une nature divine et une nature terrestre, afin qu'il pût jouir de Dieu et des créatures, de Dieu par son âme, des créatures par l'usage de son corps qui est terrestre comme elles (4). »

(1) Greg. Nyss. de Opif. Homin., c. I, p. 132, B. C. D.
(2) Ibidem, c. II, p. 132, D.
(3) Ibidem, c. II, p. 133, A. B.
(4) Ibidem, c. II, p. 133, B. C.

Du reste, l'excellence de l'homme apparaît au moment même de sa formation. Dieu a créé tout le reste de l'univers par un seul acte de sa volonté. « Lorsqu'il s'agit de l'homme, Dieu délibère; il se fait un plan à la manière de l'artisan qui se met au travail; il détermine d'avance ce que doit être l'homme, à quel modèle il doit ressembler, quelle fin il aura, quels seront ses moyens d'action et à qui il commandera. Tout cela est pesé dans la pensée de Dieu, car Dieu veut que l'homme possède sa dignité et son autorité royale avant même qu'il existe... Faisons l'homme à notre image et à notre ressemblance, dit le Seigneur, et que les hommes commandent aux poissons de la mer, aux oiseaux du ciel, à tous les animaux et à toute la terre... O chose admirable! s'écrie saint Grégoire, le soleil et le ciel, auxquels rien n'est comparable, sont créés sans aucune délibération; un mot suffit pour produire ces étonnantes merveilles! Les Saintes Écritures ne disent ni comment ni pourquoi l'univers est créé... Pour la formation de l'homme, Dieu procède avec circonspection et lenteur : il prépare sa matière ; il se met à l'œuvre, en travaillant sur un modèle d'une admirable beauté; il marque à l'homme sa destination ; puis il le façonne en le faisant semblable à lui-même, et en lui donnant des qualités proportionnées à sa fin (1). »

Dieu veut que l'homme soit un roi ; tout en lui porte le caractère de la royauté : l'âme par ses divines attributions, le corps par la forme qui frappe nos regards. « La royauté de l'âme se manifeste tout d'abord en ce qu'elle est libre, car elle n'a point de maître : elle fait ce que bon lui semble ; elle se gouverne à son gré (2). » L'âme ne porte point, il est vrai, les insignes de la royauté : « Elle n'a ni la pourpre, ni le sceptre, ni le diadème. Mais qu'a-t-elle besoin de pareils ornements? Le souverain roi dont elle est l'image ne les porte pas lui-

(1) De Opif. Homin., c. III, p. 155. 156.
(2) Ibidem, c. IV, p. 156.

même. Sa pourpre, c'est la vertu dont elle est ornée, la vertu, le plus magnifique vêtement des rois ; son sceptre, c'est la joie de l'immortalité sur laquelle elle s'appuie ; son diadème, c'est la couronne de justice qui resplendit sur son front ; le caractère de sa royauté, c'est sa ressemblance avec la souveraine beauté, dont Dieu lui a imprimé l'image (1). »

Hélas ! les traits divins, gravés dans l'âme dès le commencement, ont été profondément altérés par le mal. Saint Grégoire dira plus tard que le principal travail de l'homme, pendant sa vie terrestre, doit être de dégager l'image de Dieu que le vice a souillée et rendue méconnaissable. Mais il s'agit ici de l'homme sortant des mains de Dieu, et portant encore les traits de son divin exemplaire : « La pureté, la tranquillité de l'âme, la félicité, l'exemption de tout mal propre à détruire sa ressemblance avec Dieu (2). »

Le corps humain porte aussi les marques de sa royale destinée. Sa royauté éclate dans sa faiblesse. La nature ne lui a donné aucune arme pour sa défense ; il est dénué de tout ; il n'a même pas les choses les plus nécessaires à la vie... Pourquoi cette indigence originelle, sinon parce que toutes les autres créatures sont destinées à l'enrichir, et doivent non-seulement fournir à ses besoins, mais encore lui créer des plaisirs et des jouissances (3).

Le second caractère de sa royauté, le corps humain le porte dans la forme que Dieu lui a donnée. Seul de tous les animaux, il marche la tête droite, le regard élevé et tourné vers le ciel. Fermement appuyé sur ses deux pieds, l'homme n'a pas besoin de ses mains pour se soutenir : il s'en sert pour aider toutes les autres parties du corps, et même pour expliquer les paroles que

(1) De Opif. Homin., c. III, p. 135, 136.

(2) De Opif. Homin., c. V, p. 137, B. C.

(3) Cf. Ibidem, c. VII, p. 140, 141.

sa bouche fait entendre comme les sons harmonieux d'un instrument de musique (1).

Les considérations générales sur la création de l'homme, sur sa destinée primitive et sa double nature, forment une première partie du traité. Une seconde, beaucoup plus étendue, est spécialement consacrée à l'étude de l'âme. Saint Grégoire y aborde la plupart des questions que l'on a coutume d'examiner par rapport à l'âme, sa nature, ses opérations, sa vie, ses relations avec le monde extérieur et avec son propre corps, l'époque de son union avec lui, la manière dont a lieu cette union, et les conséquences qui en découlent. La résurrection des corps est envisagée avec une grande hardiesse et beaucoup de précision : on entrevoit que saint Grégoire voudrait faire une question philosophique du dogme si important de la glorification des corps dans la vie future (2).

On peut dire que le dernier chapitre forme à lui seul une troisième partie du traité. Il roule tout entier sur la physiologie du corps humain. La science du corps humain, dit saint Grégoire, est facile à acquérir. « L'homme n'a qu'à suivre les leçons de la nature, et se considérer lui-même, pour connaître la structure de son corps. D'ailleurs ces matières ont été traitées avec beaucoup de détails par des hommes très-instruits; il suffit de lire les livres qu'ils nous ont laissés sur ce point (3). » Cependant, saint Grégoire croit utile de décrire brièvement toute la structure du corps humain, « afin que l'Église ne paraisse étrangère à aucune science, et que les fidèles puissent s'instruire, sans avoir besoin de sortir de l'assemblée des enfants de Dieu (4). » Il distribue les diverses parties du corps en trois catégories : les unes essentielles à l'entretien de la vie,

(1) Cf. de Opif. Homin., c. VIII, p. 144, 145, 148.
(2) Cf. de Opif. Homin., c. XXV et XXVI, p. 215, 225.
(3) Ibidem, c. XXX, p. 240, C. D.
(4) Ibidem, c. XXX, p. 240, C. D.

les autres destinées à augmenter le bien-être de la vie, les dernières servant à la propagation de la race humaine (1). Ce qu'il dit de chacune est emprunté aux ouvrages d'Aristote sur l'histoire naturelle (2).

Il termine ce chapitre et tout le traité de la Formation de l'Homme en faisant remarquer le développement progressif du corps humain. Ce n'est d'abord qu'un germe ; ce germe croît peu à peu, sous l'influence bienfaisante de la nature ; puis les différents organes commencent à se former et à apparaître. Le même progrès qui a lieu dans le corps se manifeste aussi dans l'âme. Imparfaite pendant que le corps est imparfait, elle déploie ses facultés à mesure que le corps est enrichi de ses organes ; elle n'arrive au plein exercice de ses facultés qu'au moment où le corps atteint son entier développement. Notre âme aurait joui d'elle-même dès le commencement, et sans passer par les progrès des différents âges, si sa nature n'eût été mutilée par le péché. Le péché a assujéti notre naissance aux lois qui régissent la naissance des animaux. C'est à cause de cela que l'image de Dieu ne peut resplendir tout de suite dans l'âme humaine. Cette image est obscurcie ; ce n'est que peu à peu que les traits divins se dégagent et deviennent distincts. Notre œuvre principale doit être de dissiper les souillures du péché et de vaincre les passions qui sont les suites du péché, pour revenir à cette divine beauté dont Dieu orna l'âme dès le commencement, lorsqu'il dit : « Faisons l'homme à notre image et à notre ressemblance (3). »

Saint Grégoire avait entrepris le traité de la Formation de l'Homme guidé par l'amour qu'il portait à saint Basile, et par le désir de rendre sa mémoire plus auguste, en achevant le monument consacré par son frère à la gloire du Créateur. Lors-

(1) Cf. de Opif. Homin., p. 240, D.
(2) Cf. Arist. de Hist. Anim., L. I, c. VII, XVII.
(3) Cf. de Opif. Homin., p. 255, 256.

qu'il eut terminé son livre, il voulut qu'il fût un nouvel hommage de tendresse fraternelle : il le dédia au plus jeune de ses frères. Il se nommait Pierre ; il occupa plus tard le siége épiscopal de Sébaste. Dernier né des dix enfants de sainte Emmélia, et encore dans la plus tendre enfance lorsque sa mère quitta le monde pour se retirer au monastère de l'Iris, il avait passé ses premières années dans ce monastère, sous les yeux de sa mère et de sainte Macrine sa sœur. Il fut ensuite confié aux soins de saint Basile, qui avait fondé une communauté d'hommes, de l'autre côté de l'Iris (1). C'est là qu'il fut formé à la science et à la vertu par les leçons et les exemples de son frère. Il lui succéda dans le gouvernement du monastère, lorsque Basile fut appelé au gouvernement de l'église de Césarée (2). Saint Pierre menait encore la vie religieuse dans les solitudes de l'Iris, lorsque l'évêque de Nysse lui envoya son traité de la Formation de l'Homme. Il y avait joint cette dédicace qui rappelle la coutume, alors usitée entre les personnes qui étaient unies par les liens de l'amitié, de s'envoyer des présents à la grande solennité de Pâques.

« La solennité de Pâques ramène pour moi l'obligation, consacrée par l'usage, de vous offrir quelque présent qui soit un gage de mon amitié pour vous. Celui que je vous envoie est loin d'égaler votre vertu, ô serviteur chéri de Dieu ; mais je n'ai rien de plus précieux que je puisse vous offrir (3). »

Saint Grégoire expose ensuite le plan et le dessein de tout le traité qu'il a composé, dit-il, pour honorer la mémoire de saint Basile. On peut conjecturer que ce présent pascal ne fut pas accueilli avec indifférence. Pierre crut voir revivre le génie de Basile, dans ces belles pages écrites par saint Grégoire. Peut-être même devina-t-il une imagination plus brillante, et plus

(1) Cf. Greg. Nyss. Vit. S. Macrin., p. 973. A. C.
(2) Cf. Ibidem, p. 975, B. C.
(3) De Opif. Homin., p. 125, B.

d'aptitude aux spéculations de la philosophie, qu'il n'en avait remarqué dans l'esprit positif et pratique du primat de la Cappadoce. Du moins paraît-il avoir pris plaisir à mettre à contribution la riche intelligence de saint Grégoire.

Peu de temps après avoir reçu le traité de la Formation de l'Homme, il le supplia de contribuer encore plus efficacement à la gloire de leur frère, en complétant quelques parties de son Hexaméron. Il mit en avant leur piété filiale envers saint Basile et le soin de sa renommée. Saint Grégoire ne savait rien refuser à de telles instances ; il composa son Hexameron et donna les développements que son frère avait cru devoir négliger (1). Toutefois il a grand soin de protester qu'il ne s'agit point d'opposer son œuvre à l'œuvre de leur père et de leur maître commun. « Mon livre sera, dit-il, une toute petite branche unie par la greffe à un arbre vigoureux, afin que ma sagesse apparaisse comme une portion de la sagesse de notre précepteur, comme un rameau fécondé par le suc de ses leçons (2). »

Lorsque le cénobite de l'Iris fut devenu évêque de Sébaste, il fit un nouvel appel au génie de Grégoire, et cette fois encore, au nom de leur amour pour la mémoire de Basile. Il le pria de poursuivre la lutte commencée par l'archevêque de Césarée contre Eunomius pour défendre la divinité de Jésus-Christ. L'évêque de Nysse répondit à cet appel en composant le plus considérable de tous ses ouvrages, son Traité contre Eunomius en douze livres. Saint Pierre lui écrivit à cette occasion : « Votre livre est un témoignage de votre haine contre l'hérésie et de votre amour pour notre père vénéré... Soyez plein de confiance : vous avez donné un bel exemple de piété filial. Si vous aviez écrit du vivant de notre frère ce que vous venez de composer pour venger sa mémoire, on vous accuserait peut-

(1) Cf. Greg. Nyss. in Hexam., p. 65, A. B. C. D. ; p. 68, A.
(2) Greg. Nyss. in Hexam., p. 64, B. C.

être de flatterie. Mais aujourd'hui qu'il ne vit plus, personne ne pourra méconnaître la pureté de vos intentions en vous voyant défendre la mémoire de Basile, et vous indigner contre les ennemis de celui qui vous a enfanté à la lumière (1). »

Ainsi les membres de cette illustre famille de docteurs et de saints puisaient dans leur mutuelle affection un redoublement de zèle pour la foi : ceux qui étaient encore dans la mêlée s'excitaient à soutenir la lutte avec courage, par le souvenir de ceux qui étaient déjà morts en défendant la vérité.

§ III.

C'est le sentiment de la piété fraternelle qui paraît avoir inspiré les deux ouvrages dont nous venons de faire l'analyse. le dialogue avec sainte Macrine et le traité de la Formation de l'Homme. Il faut bien l'avouer, cependant, l'amitié fut admirablement secondée par les qualités dont la nature avait favorisé saint Grégoire, car elle lui avait donné, avec les plus heureuses aptitudes de l'esprit, un attrait tout particulier pour la lecture de ce livre mystérieux et fermé à tant d'intelligences qu'on appelle le livre de la conscience et de l'âme. Lorsqu'on étudie saint Grégoire, on voit qu'il rapporte à la connaissance de l'âme sa philosophie tout entière, je dirais presque toute sa science de Dieu et de la religion.

Pour connaître Dieu, dit-il, l'homme doit en contempler la ressemblance en lui-même, comme dans le miroir le plus pur (2). L'âme n'est pas seulement l'image de la Divinité, elle est l'image de l'adorable Trinité elle-même. Arius n'aurait

(1) Greg. Nyss. Contra Eunomium, p. 241, 244.
(2) Cf. Greg. Nyss. Quid sit, ad Imag. Dei, p. 1528, A. B.

pas nié la divinité de Jésus-Christ, Macédonius n'aurait jamais affirmé que le Saint-Esprit est une créature, s'ils avaient voulu considérer les traits que la Trinité avait imprimés dans leur âme : « Ils ont une perle précieuse dans leur cœur, ils ne veulent pas la regarder, et ils la cherchent au fond de la mer (1). »

« O homme, s'écrie-t-il dans son discours sur les Morts, tourne toute ton attention vers toi-même, selon le précepte de Moïse. Examine ton âme avec soin, cherche par le raisonnement ce qui est toi et ce qui n'est pas toi.... Connaissons-nous nous-mêmes, selon la parole qui est passée en proverbe. La science de nous-mêmes est la purification des péchés que l'on commet par ignorance (2). »

Il n'est presque aucun des ouvrages de saint Grégoire qui ne contienne quelques digressions sur l'âme. L'Épitre canonique, dans laquelle il explique la discipline de l'Église par rapport à ceux de ses enfants qui ont commis des fautes graves, repose tout entière sur une classification philosophique des facultés de l'âme. Ses commentaires sur les Psaumes, ses homélies sur l'Ecclésiaste et sur le Cantique des Cantiques, sont remplis de réflexions et de théories psychologiques. On trouve la même attention donnée à l'étude de l'âme dans le traité de la Virginité, dans le discours sur les Morts, dont nous venons de citer un fragment, jusque dans un traité qu'il composa, à un âge très-avancé, sur ceux qui sont enlevés par une mort prématurée, et qu'il adressa à Hiérius, préfet de la Cappadoce.

Cette prédilection si marquée de saint Grégoire pour les études psychologiques, lui a fait attribuer plusieurs autres ouvrages dont l'authenticité est au moins douteuse. On le regarde quelquefois comme l'auteur de deux traités sur l'âme, différents de ceux que nous avons cités. Le premier est intitulé : *de l'Ame.*

(1) Greg. Nyss. Quid sit. ad Imag. Dei, p. 1341. C. D.
(2) Greg. Nyss. de Mortuis, p. 508, D.; 509, B.

Il a pour but d'expliquer sa nature et son union avec le corps. Ces deux questions sont discutées avec une grande vigueur de raisonnement, et une vaste érudition qui résume tout ce que l'ancienne philosophie a écrit sur ce sujet. Il y a tout lieu de croire que ce livre, attribué à saint Grégoire, est une partie d'un ouvrage beaucoup plus considérable composé par Némésius, évêque d'Émèse, sur la Nature de l'Homme ; on le retrouve tout entier dans le second et le troisième chapitre de Némésius. Quelque remarquable qu'il soit, d'ailleurs, il ne porte point le cachet des œuvres de saint Grégoire ; il ne renferme presque aucune de ces comparaisons empruntées au monde visible, qui sont répandues à profusion dans le dialogue avec Macrine et dans le traité de la Formation de l'Homme.

Le second ouvrage attribué à saint Grégoire est intitulé : *de l'Ame, à Tatien*. Ce n'est qu'un résumé fort court des principales questions de la psychologie ; on le range quelquefois parmi les œuvres de saint Grégoire Thaumaturge ; mais rien ne démontre qu'il n'appartienne pas à l'évêque de Nysse. Saint Basile, dans une lettre à Amphiloque, parle avec estime d'un certain Tatien, évêque de Myre et défenseur de la foi (1). Sans doute cet ami de Basile connut aussi son frère et l'aptitude dont il était doué pour traiter les questions de l'âme. Pourquoi ne se serait-il pas adressé à lui et ne l'aurait-il pas prié de résumer les principaux arguments qui établissent la vraie doctrine sur la nature et les destinées de l'âme? L'auteur du livre paraît avoir écrit beaucoup plus pour les philosophes que pour les chrétiens. C'est aussi le point de vue auquel saint Grégoire se place le plus souvent. La doctrine qui est exposée ne diffère pas de la sienne, et la plupart des arguments se retrouvent dans les ouvrages de saint Grégoire. Il est vrai que la forme est exclusivement syllogistique, ce qui est moins en harmonie avec son genre. Mais il s'agit d'un résumé très-succinct ; la forme syllo-

(1) Basil. Epist. 218. Amphilochio Icon. Episc.

gistique convenait mieux que toute autre : saint Grégoire devait l'employer de préférence.

Rangeons encore parmi les livres psychologiques que l'on a coutume de joindre à la collection des œuvres de l'évêque de Nysse, deux homélies sur ces paroles de la Genèse : *Faisons l'homme à notre image et à notre ressemblance;* et un autre petit traité sur le même sujet, avec ce titre : *Quel est le sens du texte : « A l'image et à la similitude de Dieu?* » Nous ne pensons pas qu'il faille nous interdire la faculté de recourir à ces trois opuscules, surtout au dernier, dont l'authenticité est moins douteuse. S'ils n'appartiennent pas à saint Grégoire, ils renferment du moins une doctrine qu'il paraît avoir singulièrement affectionnée, et sur laquelle nous le verrons souvent insister : la formation de l'âme humaine à l'image et à la ressemblance de Dieu.

CHAPITRE II.

Du Genre de saint Grégoire et de sa Méthode Philosophique.

§ I.

Aristote a divisé son traité de l'Ame en trois livres. Le premier a pour objet la nature et l'unité de l'âme. Les deux autres sont consacrés à l'étude de ses facultés, de ses opérations, de ses rapports avec les choses intellectuelles et le monde visible. Beaucoup de philosophes ne vont guère plus loin; ils circonscrivent la psychologie aux limites tracées par Aristote.

Cette étude de l'âme est-elle complète? Je ne le crois pas. L'âme a une vitalité plus intime, et pour le moins aussi réelle que celle qu'elle déploie vis-à-vis du monde sensible ou du monde des idées. Je parle de ses mouvements par rapport à sa destinée et à Dieu : par rapport à sa destinée, considérée non comme un point de doctrine spéculative, mais comme un terme positif, vers lequel elle s'efforce de tendre sans cesse par le soin de sa perfection; vis-à-vis de Dieu, envisagé non comme une abstraction, mais comme un maître, un père et un juge, une cause toujours agissante, une providence intelligente, libre, personnelle, qui s'occupe de tout, qui s'intéresse à tout, principalement aux âmes. Il y a là tout un ensemble de phénomènes psychologiques : des aspirations, des désirs, des espérances, des craintes, des angoisses, des doutes, des incertitudes, des joies intimes, des surexcitations de bonheur, d'amères tristesses et de profonds abattements. Pourquoi ne pas tenir compte de ces faits dans l'étude de l'âme?

Sans doute cette sorte de vie n'est pas égale dans toutes les âmes. Mais la vie qui s'exerce par le monde extérieur, ou par la science, n'est-elle pas elle-même plus ou moins développée, selon les individus, leurs aptitudes, et les exercices par lesquels ils cultivent les dispositions de la nature? Il y a des hommes chez lesquels la pensée de Dieu absorbe à peu près toutes les énergies; en quoi consistera-pour eux l'étude et la connaissance de l'âme, si l'on néglige ce côté de la science psychologique? Il y en a d'autres, il est vrai, chez lesquels cette sorte de vitalité est presque nulle. Mais une philosophie éclairée ne peut regarder cet état comme un état normal; l'accessoire occupe la place du principal: c'est un renversement de ce qui devrait être. D'ailleurs, bon gré mal gré, à un moment ou à un autre, il faut bien que les âmes les plus absorbées par la matière ou les spéculations de la science, sortent de leur distraction et prêtent l'oreille au Dieu de la conscience qui veut être entendu. Il se passe alors de mystérieuses opérations dans les cœurs; il y a de telles secousses et de tels bouleversements, qu'aucune philosophie ne saurait en négliger l'étude, sous peine d'être convaincue d'ignorance et d'aveuglement.

On a dit que la psychologie, qui considère ce côté de la vie des âmes, est née du Christianisme. On en a fait le partage exclusif des docteurs chrétiens, et on lui a donné le nom de Mysticisme. Cette science, en effet, a été cultivée avec soin, et singulièrement développée par les docteurs chrétiens.

Il ne faudrait pas croire cependant que la philosophie mystique soit l'apanage exclusif du Christianisme et n'ait pas pu exister avant lui. Toute intelligence qui a conscience d'elle-même a sa vie avec Dieu et son regard vers sa destinée.

Les anciens sages de la Grèce se sont surtout appliqués à

chercher les moyens de rendre les âmes plus fortes et plus belles, par l'amour de la vertu. Il y a tout un système de mysticisme dans les traditions de l'école de Pythagore. La poésie instruit et montre la voie qu'il faut suivre ; le recueillement, le jeûne et la souffrance préparent aux initiations sacrées (1).

« Pythagore avait divisé la journée des disciples de la philosophie en trois parties : la première partie pour Dieu dans la prière ; la seconde pour Dieu dans l'étude et la méditation ; la troisième pour les hommes et les affaires (2). »

Platon veut que l'âme s'élève souvent vers la Divinité par la prière, surtout lorsqu'elle se prépare à scruter les mystères de la science. « Ceux qui ont un peu de sagesse, fait-il dire au philosophe Timée, ne manquent jamais d'invoquer la Divinité au commencement de toutes leurs entreprises, grandes ou petites. Pour nous, qui allons parler de l'univers, et examiner s'il a été fait ou s'il est sans commencement, nous serions insensés si nous n'adressions pas des vœux aux Dieux et aux Déesses, pour que toutes nos paroles soient conformes à leurs désirs et aux lois de la vérité (3). »

Avant le Christianisme, la notion de Dieu étant moins pure et moins présente à la conscience, la destinée des âmes étant moins distinctement connue, cette vie dont nous parlons dut être moins ferme et moins efficace. Elle ne fut point complétement ignorée. Les âmes s'agitent nécessairement sous l'action de Dieu, alors même qu'elles ont des incertitudes. Les incertitudes changent la nature des mouvements ; elles ne les empêchent pas de se produire. Ce qui dans le Christianisme est lumière, amour, confiance, douce familiarité, n'était peut-être alors que désirs, aspirations et prières. On dit qu'à ses derniers moments, le philosophe de Stagire laissa échapper ces paroles

(1) Cf. Cicer. Tuscul., IV, 2. — Idem de Leg., II, 11.
(2) Gratry, Logique, t. II, p. 298.
(3) Platon, Timée, p. 27, C. D.

qui révèlent de douloureuses préoccupations : « Je suis entré nu dans le monde, j'ai vécu dans le doute, je meurs incertain, j'ignore où je vais. O toi, Seigneur, Être des êtres, aie pitié de moi (1) ! » Que ces paroles soient supposées ou qu'elles aient été réellement prononcées par Aristote, cela importe peu. Elles se sont certainement échappées de bien des âmes, et elles expriment le mouvement vital que nous voulons constater : le doute et l'incertitude vis-à-vis de Dieu et de la vie future, le trouble et les angoisses de la conscience naissant du doute et de l'incertitude, les ardeurs de la prière vers la source originelle de tout ce qui est, vers ce Dieu des âmes que l'on a longtemps cherché, comme l'Épouse du Cantique des Cantiques, sans pouvoir le rencontrer et le posséder. « J'ai cherché celui que j'aime, je l'ai cherché et je ne l'ai point trouvé (2). »

La religion chrétienne n'a donc pas créé cette vitalité des âmes vis-à-vis de Dieu. Elle l'a purifiée par des croyances plus saintes, dirigée par des espérances moins trompeuses, développée en nous apportant l'admirable précepte de l'amour. Les docteurs chrétiens doivent donner une plus grande attention à cette partie de la science de l'âme : toutes les psychologies doivent en tenir compte, si elles veulent être vraies et complètes. Philosopher, selon Socrate, c'est apprendre à mourir (3); — selon Platon, c'est apprendre à aimer Dieu (4). — Ces

(1) Aristot. Oper. tom. I : Guillelmi Du Val dissert. II, p. 26.

(2) Cant. III, 1.

(3) Cf. Phédon, c. XIX, p. 81, A.

(4) « Platon met la béatitude dans la vertu, la vertu dans la connaissance et dans l'imitation de Dieu, et cela même est la béatitude. Il n'hésite pas; il affirme que philosopher c'est aimer Dieu : — Nunc satis sit commemorare Platonem determinasse finem boni esse, secundum virtutem vivere, et ei soli evenire posse, qui notitiam Dei habeat et imitationem ; nec esse aliam ob causam beatum. Ideoque non dubitat, hoc esse philosophari quod amare Deum. » (De Civit. Dei, lib. VIII, cap. VIII. — Traduction de A. Gratry. Connaissance de Dieu, tom. I, p. 125.)

deux admirables maximes n'expriment-elles pas la doctrine que nous venons d'expliquer? Vivre, c'est s'occuper de sa destinée et de Dieu; chercher la science, c'est étudier la vitalité de l'âme par rapport à sa destinée et à Dieu.

Saint Grégoire a fait une large part à la psychologie mystique. Le traité de la Formation de l'Homme et le dialogue avec Macrine parlent souvent de l'intime union qui s'établit entre Dieu et les âmes dégagées des passions, ou purifiées par la souffrance (1). Le livre adressé à Hiérius, sur les enfants qui sont emportés par une mort prématurée, définit la vie de l'âme: « *Le regard que l'intelligence tient fixé sur Dieu* (2). » C'est là sa nourriture, le germe de son immortalité et le commencement de sa béatitude. Les Commentaires sur les Psaumes renferment toute une théorie des différents degrés par lesquels l'homme se détache peu à peu des entraves de la matière, et s'élève à la perfection, en devenant semblable à Dieu. Saint Grégoire complète l'exposition de ses doctrines mystiques dans ses homélies sur le Cantique des Cantiques. Les livres de Salomon, dit-il, contiennent une suite d'enseignements proportionnés aux différents états des âmes. La philosophie du Cantique des Cantiques surpasse celle de tous les autres livres. Elle prend l'âme déjà purifiée et la conduit aux mystères de Dieu, c'est-à-dire à l'union de l'âme avec Dieu, qui est le mystère des mystères (3).

Dieu étant la beauté première et le type exemplaire de tout ce qui est beau, c'est par rapport à lui que doivent s'exercer les plus vives affections de l'amour, et tous les autres sentiments que l'amour suppose ou entraîne à sa suite. Le Cantique des

(1) Cf. Greg. Nyss. de Anim. et Resur., p. 94, 105; — de Opif. Homin., c. XII, p. 161, 165.

(2) De Infant. qui præmat. abrip., p. 176, A.

(3) Cf. Greg. Nyss. in Cant., p. 768, B. C.; 775, B. C. D.; 776, B.

Cantiques est une philosophie dans laquelle ce mouvement des âmes vis-à-vis de Dieu est poétiquement représenté sous les traits de l'amour que la nature a déposé au cœur des époux. Saint Grégoire se met en face des mystérieuses images employées par Salomon ; il les contemple avec admiration et les étudie avec le plus grand soin ; puis, oubliant les couleurs du tableau, c'est-à-dire « les fleurs, les parfums et les baisers, » il ne voit plus que la réalité cachée sous le symbole, la vie surnaturelle des âmes, leurs aspirations vers Dieu, les affections les plus délicates de la charité (1). Chose digne de remarque ! la science qu'il acquiert par cette étude, il est si éloigné de la prendre pour une vaine et fantastique spéculation, qu'il ne craint pas d'en expliquer les profondeurs à tout le peuple que l'Église lui a confié. Certes, il fallait un esprit bien droit, une grande pureté de cœur, et une exquise délicatesse de langage, pour manier, sans les flétrir, les images si vives, si fraîches, parfois si voluptueuses dont se sert l'auteur du Cantique des Cantiques. Mais il fallait aussi des convictions bien fermes sur cette vie cachée que toute âme doit mener vis-à-vis de Dieu, pour entreprendre ce cours de psychologie chrétienne, non pas devant un petit nombre d'initiés et d'amis, mais devant tout un peuple que l'on appelle à vivre de cette vie.

Les aperçus mystiques sont fréquents dans les écrits de saint Grégoire, et nous serions incomplets si nous n'en tenions aucun compte dans nos études. Mais il s'en faut bien qu'ils constituent toute sa psychologie. Rarement philosophe s'est mis plus à l'aise et a été moins exclusif. Il envisage l'âme sous toutes ses faces ; il n'omet aucune des questions que tous les philosophes étudient, il examine même celles que le plus grand nombre a coutume de négliger. Tous les moyens lui semblent bons, pourvu qu'ils mènent à la vérité. Tantôt c'est la foi qu'il consulte, tantôt c'est à la raison naturelle qu'il s'adresse ; jamais l'une

(1) Cf. Greg. Nyss. in Cant., p. 776, B.

n'est confisquée au profit de l'autre. Saint Grégoire parle souvent de la philosophie proprement dite, telle qu'on la cultivait de son temps, en dehors du Christianisme. Il l'appelle *philosophie externe,* pour la distinguer de la foi, qui est une philosophie particulière aux chrétiens. Jamais il n'en parle avec irritation ou mépris ; il cherche au contraire tous les moyens imaginables de la mettre d'accord avec l'Évangile : « La philosophie, dit-il, doit être l'amie et l'alliée ou plutôt l'épouse de la foi, afin qu'elle produise avec elle des fruits légitimes. Seulement la foi doit sanctifier ce qui naît de la philosophie, parce que la philosophie mêle souvent l'erreur à la vérité... Elle proclame et défend l'immortalité de l'âme : c'est un fruit de sainteté ; mais elle croit aussi aux migrations successives des âmes dans différents corps ; c'est un fruit étranger et charnel. Elle croit à l'existence de Dieu et à la production du monde ; mais elle enseigne aussi que Dieu est corporel, et qu'il a eu besoin d'une matière préexistante pour le former (1). » La foi doit sanctifier la philosophie en corrigeant ses erreurs. Alors, ajoute saint Grégoire dans son langage métaphorique, l'ange du Seigneur nous devient propice. Ce qui est né de Séphora, l'épouse étrangère de Moïse, c'est-à-dire de la philosophie externe, devient un fruit légitime agréable au Seigneur (2).

Saint Grégoire trouve dans la vie de Moïse une autre image de l'estime que les chrétiens doivent faire de la philosophie, et de toutes les sciences qui ont fleuri chez les païens. Il compare la philosophie et les sciences profanes aux vases précieux que les Israélites dérobèrent aux Égyptiens, avant de se mettre en marche vers la terre promise. « Ceux qui veulent embellir leur vie de tout l'éclat de la vertu, doivent acquérir les richesses de la gentilité, c'est-à-dire les sciences qui font l'ornement et la gloire du paganisme. Le paganisme a cultivé la philosophie des

(1) Cf. de Vita Moys., p. 336 D; — p. 337, A. B. C.
(2) Cf. Ibidem, p. 337, C. — Exod. IV, 20, 26.

mœurs et de la nature : l'astronomie, la géométrie, la musique, la dialectique et les autres sciences. Nous devons lui emprunter ces biens dont il abuse, et nous en ferons usage lorsqu'il faudra orner l'Église de richesses spirituelles. Ceux qui amassent de tels trésors viennent au secours de Moïse, et travaillent avec lui à la splendeur du tabernacle des divins mystères (1). »

La doctrine que saint Grégoire exprime en cet endroit, ne fut jamais mieux comprise qu'à son époque, et nulle part mieux accueillie que dans sa famille. Aussi se hâte-t-il d'ajouter : « Beaucoup de chrétiens de nos jours font preuve de cette sagesse dont nous parlons ; car ils ont grand soin d'apporter à l'Église l'érudition de la gentilité. C'est ce qu'a fait Basile-le-Grand, qui, après avoir enrichi sa jeunesse de tous les trésors de l'Égypte, les a consacrés au Seigneur et s'en est servi pour orner le tabernacle du vrai Dieu (2). »

Avec de telles traditions de famille et des convictions si bien arrêtées sur l'alliance de la philosophie et de la foi, saint Grégoire ne pouvait pas être exclusif et négliger les questions psychologiques que les philosophes ont coutume de traiter. Pour lui, il n'y a qu'une seule science de l'âme : la partie mystique en est le couronnement, la partie purement naturelle, le fondement et la base ; la raison la commence, la foi la poursuit et l'achève par les lumières de la révélation et les raisonnements de la philosophie. « Nous ne voulons rien omettre des questions qui se rapportent à l'homme.... Les différences mêmes qui paraissent exister entre l'état actuel de notre nature et ce qu'elle était au commencement, nous les expliquerons par l'*autorité des Divines Écritures* et par la *pénétration du raisonnement* (3). »

Saint Grégoire est bien plus explicite dans le dialogue avec

(1) De Vita Moys., p. 360, B. C.
(2) De Vita Moys., p. 360, C. D.
(3) De Opif. Homin., p. 128, B. C.

Macrine. Les questions de l'âme les plus controversées, celles qui traitent de sa nature et de son immortalité, sont mises en discussion dès les premières pages, et c'est la philosophie, bien plus que l'autorité des Écritures, qui est appelée à les résoudre. « Les paroles révélées, dit-il, ressemblent à des décrets impératifs. Elles nous obligent à croire.... sans s'inquiéter de nous expliquer les raisons de notre foi (1). » Saint Grégoire voudrait se faire une croyance plus spontanée. Il propose donc à sa sœur d'étudier les doctrines de l'âme par les raisonnements de la philosophie. Sainte Macrine accède à ses désirs : « Nous chercherons la vérité sur l'âme dans la discussion des opinions contraires; et puisque cela paraît vous être agréable, vous proposerez vous-même les objections et les difficultés (2). »

C'est donc par une discussion philosophique que saint Grégoire entreprend d'approfondir, avec sa sœur, les questions les plus importantes de la psychologie. Il y a plus; afin que le rôle de la philosophie soit encore mieux déterminé, ils conviennent ensemble de ne tenir aucun compte des enseignements de la foi sur l'objet de la controverse, et de poursuivre leurs investigations comme s'il s'agissait de chercher des vérités réellement inconnues. C'est le doute méthodique placé à la base de la psychologie, et employé comme moyen d'acquérir la science rationnelle de l'âme. « Je conjurai ma sœur, dit saint Grégoire, de ne pas regarder les objections que j'allais faire comme une opposition réelle, mais seulement comme un moyen de mieux prouver la vérité sur l'âme : rien n'étant plus propre à atteindre ce but que la solution philosophique des difficultés proposées contre la saine doctrine (3). »

En entrant dans le doute et en demandant une discussion philosophique, saint Grégoire veut accorder une légitime satis-

(1) De Anim. et Resur., p. 17, A. B.
(2) De Anim. et Resur., p. 20, B.
(3) Ibidem, p. 20, B. C.

faction à la spontanéité de l'intelligence ; il n'entend pas resserrer le cercle de ses investigations ou diminuer le domaine de la vérité. Aussi ne craindra-t-il pas, lorsque la philosophie aux abois ne pourra plus avancer, de recourir à la parole de Dieu et d'appeler à son secours les plus vives lumières de la révélation. Éclairant ainsi la raison naturelle au flambeau de la foi, il retrouvera le terrain solide qui se dérobait sous ses pieds, et la philosophie, secourue à propos, reprendra sa marche avec plus de hardiesse et de liberté (1). Cependant, si la hardiesse devient présomption, si la raison porte l'audace jusqu'à contredire une doctrine révélée, saint Grégoire ne la reconnaît plus pour une alliée et une amie: il la repousse comme une étrangère. « La règle de notre doctrine, à nous, chrétiens, c'est la Divine Écriture. Nous devons toujours l'avoir devant les yeux : nous ne pouvons accepter que ce qui n'est pas en contradiction avec le témoignage des Saintes Lettres (2). »

Cet harmonieux concours de la philosophie et de la révélation, ce n'est pas lui qui cherchera à le dissimuler, le diminuer ou le détruire. Il fera, au contraire, tous ses efforts pour l'entretenir, l'étendre et le rendre manifeste à tous les yeux ; il adoptera, avec une prédilection marquée, toutes les libres conjectures de la philosophie qui peuvent expliquer le dogme chrétien et le rendre plus accessible à la raison humaine. Sainte Macrine vient de développer une hypothèse pleine de hardiesse sur la nature des éléments corporels et sur leur union avec l'âme, alors même qu'ils ont été séparés par la dissolution de la mort. Saint Grégoire se hâte de l'adopter, parce qu'elle lui fournit une explication rationnelle de la Résurrection des corps. « Vous exprimez, dit-il à sa sœur, une doctrine excellente pour expliquer la Résurrection. Votre doctrine amène peu

(1) Cf. de Anim. et Resur., p. 64, B.; 80, B.

(2) De Anim. et Resur., p. 49, C D.

à peu ceux qui n'ont pas reçu l'Évangile à croire qu'il n'est pas impossible que les éléments corporels soient de nouveau réunis, après leur séparation, pour reconstituer les mêmes corps qu'ils ont formés autrefois (1). »

La question de la Résurrection des corps appartient à la foi beaucoup plus qu'à la philosophie. Elle a singulièrement préoccupé l'esprit de saint Grégoire. Il en poursuit l'examen avec une vraie tenacité, tantôt au flambeau des Divines Écritures, tantôt par les seules forces de la raison; on dirait qu'il voudrait faire du dogme chrétien une conclusion naturelle de la philosophie. Une fois, après avoir pris et repris la question sous différentes faces, comme ennuyé de s'épuiser en efforts superflus, il saisit le livre des Saintes Écritures, et par une de ces hardiesses qui lui sont familières, il force la philosophie à le suivre sur ce terrain. Il lui fait lire une page de l'Évangile; cette page, lue avec attention et reconnue comme vraie, lui fournit une démonstration rationnelle de toutes les autres. Saint Grégoire poursuit alors la lecture de nos Saints Livres; il les lit avec lenteur, il s'arrête aux endroits dont il a besoin, il les commente et les explique en donnant carrière à sa riche imagination; la philosophie elle-même ne peut rejeter la valeur de ces arguments, qui s'enchaînent et se fortifient les uns les autres; la cause de la Résurrection, ainsi débattue, triomphe, et l'intelligence s'incline librement aux enseignements de la foi.

Cette argumentation suffirait seule à donner une juste idée du genre et de la méthode de saint Grégoire. Mais elle est beaucoup trop longue pour que nous la rapportions tout entière; nous nous contenterons d'en reproduire les principales parties, lorsque nous aurons achevé ce qui nous reste à dire sur notre sujet.

(1) De Anim. et Resur., p. 76, B. C.

§ II.

La philosophie a deux procédés pour arriver à la possession de la science : le procédé analytique et le procédé synthétique. Le procédé analytique s'attache d'abord aux conséquences et aux effets ; il s'en sert pour remonter aux principes qui renferment les conséquences, pour déterminer les causes et les lois générales qui régissent les faits particuliers. Il commence par l'analyse, il continue par l'observation attentive des phénomènes, par les comparaisons et les classifications des faits, les conjectures et les analogies ; il trouve son entier achèvement dans l'induction. L'induction découvre et formule les principes généraux qui sont supposés par les vérités particulières ; elle détermine la nature des lois et des causes qui ont produit les phénomènes étudiés par l'observation.

Le procédé synthétique part des vérités générales, pour descendre aux vérités moins générales qui sont contenues dans les premières. La nature des effets étant subordonnée à la nature des causes, il pressent les faits particuliers par la connaissance antérieure des causes dont ils dépendent et des lois qui les régissent. Le syllogisme est sa forme ordinaire et son expression la plus rigoureuse. Ces deux procédés philosophiques s'enchaînent et se complètent mutuellement. On appelle le premier *analytique*, parce qu'il repose sur l'analyse ; on appelle le second *synthétique*, parce qu'il a la synthèse pour fondement et pour base. Il prend l'esprit humain au point élevé où l'a conduit le procédé analytique ; il le fait revenir aux vérités particulières qui peuvent servir d'objet à l'analyse et de base au procédé analytique. Le procédé analytique, à son tour, s'empare des dernières conclusions du procédé synthétique, et de degré en degré, il élève l'esprit humain jusqu'aux vérités générales qui peuvent servir d'objet à la synthèse et de point de départ au procédé synthétique.

Les anciens philosophes n'ont point ignoré cette marche à la fois ascensionnelle et descendante de l'esprit humain. Ce que nous appelons procédé synthétique, ils l'appelaient procédé dialectique ou de raisonnement. Ce que nous appelons procédé analytique, les Grecs l'appelaient procédé épagogique; les Latins, procédé d'induction. L'un servait principalement à démontrer une vérité déjà connue : l'autre, à découvrir ce que l'on ne connaissait pas encore. Cicéron semble croire qu'Aristote les a inventés tous deux : « Quum omnis ratio diligens disserendi duas habeat partes, unam inveniendi, alteram judicandi, utriusque princeps, ut mihi videtur, Aristoteles (1). »

Aristote n'a inventé ni l'art de la dialectique, ni le syllogisme qui est son expression la plus ordinaire. Les sophistes d'Athènes connaissaient le syllogisme, et avaient épuisé toutes les subtilités de la dialectique longtemps avant Aristote. On peut cependant lui attribuer la gloire d'avoir inventé le procédé dont nous parlons, et parce qu'il en a formulé les règles avec plus de précision que tous les autres philosophes, et parce qu'il en recommandait spécialement l'usage à ses disciples : « Genus hoc argumentandi, quod per ratiocinationem expolitur, summe est ab Aristotele, atque a Peripateticis et Theophraste frequentatum (2). » C'est avec cette réputation que le nom d'Aristote a traversé les siècles et qu'il a régné dans l'école pendant tout le moyen-âge.

Aristote a encore moins inventé le procédé d'induction que le syllogisme. On sait combien Socrate aimait à l'employer, et quel parti il en tirait pour inculquer ses doctrines à la jeunesse

(1) Cicer. Topica, II, X. — Cf. Idem, de Finibus, IV, 4. — De Inventione, I, 31, 34. — I Academ., II, 8.

(2) Cicer. de Invent., I, 35.

athénienne. Il avait coutume d'attirer l'attention sur les faits les plus palpables et les vérités les plus faciles à saisir; puis, par le moyen des comparaisons, des conjectures et des analogies, il amenait peu à peu l'esprit de ses auditeurs à la connaissance des maximes les plus générales, des vérités les plus importantes et les plus difficiles à démêler. « Illud genus argumentandi, quod per inductionem sumitur, maxime Socrates et Socratici tractaverunt (1). » Les disciples de Socrate se firent un honneur de conserver sa méthode, comme le dit Cicéron; et Aristote, ne l'eût-il pas apprise de Socrate, son premier maître, aurait pu l'apprendre de Platon, sous lequel il étudia vingt ans (2). Il ne faudrait pas cependant identifier Aristote avec la forme syllogistique, et croire qu'il a complétement ignoré ou négligé la méthode d'induction; ce serait commettre une grossière erreur. Saint Grégoire reconnaît qu'il excelle dans l'observation des phénomènes (3); les traités qu'il a composés sur les sciences naturelles offrent de nombreux exemples d'analyses et d'analogies; sa plus belle preuve de la spiritualité de l'âme repose tout entière sur l'emploi de la méthode épagogique (4).

D'ailleurs, les deux procédés sont également naturels à l'esprit humain; nous nous servons instinctivement de l'un ou de l'autre, ordinairement même des deux à la fois, lorsque nous voulons arriver à la vérité. Les sciences physiques ont plus souvent recours à l'analyse et à l'induction; les sciences exactes emploient de préférence les axiomes et les déductions. La psychologie n'exclut pas la méthode synthétique, à laquelle elle emprunte des vérités générales qui lui sont de la plus grande utilité. Cependant, plusieurs de ses questions, comme celles de

(1) Cicer. de Invent., I, 35.

(2) Aristot. op. Guillelm. Du Val, Introd., p. 26.

(3) Cf. Greg. Nyss. de Anim. et Resur., p. 52, A. B.

(4) Cicer. Tuscul., lib. I, X.

la nature et des facultés de l'âme, ne peuvent guère être philosophiquement résolues que par la méthode analytique. La connaissance des facultés repose sur la classification des faits psychologiques; la classification elle-même, sur l'analyse et l'exacte observation des diverses opérations de l'âme. Quant à la nature de l'âme, elle échappe complétement à la perception de l'intelligence : nous ne pouvons pas la connaître en elle-même et par une appréhension directe. Rien de plus facile, au contraire, à saisir que les opérations psychologiques, dont la conscience ne cesse de nous avertir : « Si quid sit hoc, non vides ; at quale sit vides; si id ne quidem, at quantum sit vides (1). » Il faut donc se servir de ce qui est apparent et facile à connaître pour s'élever jusqu'à la connaissance de ce qui est caché; c'est-à-dire employer l'analyse et l'observation des phénomènes psychologiques pour s'élever, par l'induction, jusqu'à la nature intime du principe invisible qui les produit.

C'est la méthode qui a été suivie par Socrate, Platon, Cicéron et tous les philosophes anciens qui ont défendu la spiritualité de l'âme. Saint Augustin paraît l'avoir particulièrement affectionnée ; il s'en est presque exclusivement servi dans son beau traité de la *Quantité de l'Ame :* « Poursuivons l'ordre de nos questions selon notre méthode, dit-il à un de ses amis, avec lequel il s'entretient à la manière de Socrate. Que la raison soit notre guide, et répondez vous-même à vos propres difficultés. — Poursuivons, reprend l'ami de saint Augustin ; j'aime singulièrement cette manière d'enseigner et de s'instruire. Je ne sais pourquoi, lorsqu'il m'arrive de trouver moi-même la réponse à la question dont j'ignorais la solution, l'étonnement et la joie de ma découverte augmentent le charme de la vérité (2). »

La nouvelle école philosophique inaugurée par Descartes au commencement du XVIIe siècle, mit le procédé analytique

(1) Cicer. Tuscul., lib. 1, XXVI.
(2) August. de Quantitate Animæ, c. XV. n. 26.

tellement en honneur, qu'on lui attribue quelquefois la gloire de l'avoir inventé. Bossuet appartient à l'école cartésienne. Il attachait la plus grande importance à l'observation attentive des opérations de l'âme ; il le déclare en propres termes dès la première page du traité qu'il composa pour le Dauphin, sur la Connaissance de Dieu et de soi-même : « Il ne s'agira pas ici de faire un long raisonnement sur ces choses, ni d'en chercher les causes profondes, mais plutôt d'observer et de concevoir ce que chacun de nous en peut connaître, en faisant réflexion sur ce qui arrive, tous les jours, à lui-même ou aux autres hommes semblables à lui (1). »

Je ne sais si jamais aucun philosophe a mieux entendu que saint Grégoire le procédé épagogique employé par Socrate et renouvelé par les modernes. Personne n'a plus souvent recours à l'observation des faits, aux comparaisons, aux analogies et aux conjectures ; personne n'applique plus rigoureusement l'induction aux questions de l'existence et de la spiritualité de l'âme.

Une des plus belles pages de la première Tusculane contient deux magnifiques applications du procédé épagogique. L'une a pour but de prouver l'existence de la Divinité, par les traces d'ordre et de sagesse que le spectacle de l'univers manifeste à nos yeux. Cicéron paraît l'avoir empruntée aux Entretiens Mémorables de Socrate. L'autre fait ressortir la dignité de l'âme humaine, et démontre sa spiritualité, par la nature des opérations dont elle est le principe. Platon lui a donné de sublimes développements dans le Phédon, auquel il n'est pas douteux que Cicéron l'ait empruntée (2).

Saint Grégoire reproduit l'argumentation des Tusculanes, dès le début de ses recherches psychologiques, en lui donnant une nouvelle importance au point de vue de la méthode.

(1) Bossuet, Conn. de Dieu et de soi-même.

(2) Platon, Phédon, XXVI, XXVII. — Cf. Cicer. Tuscul., Lib. I, XXVIII, XXIX.

Il est convenu avec sainte Macrine de commencer par le doute, et de chercher à connaître l'âme comme s'ils en ignoraient l'existence ; de là, la nécessité de se demander tout d'abord si l'âme est une réalité, et quelle est sa nature. Il répond à ces questions en s'emparant, par l'observation, des faits psychologiques les plus apparents, et en montrant qu'ils ne peuvent avoir leur explication rationnelle que dans l'existence d'un principe substantiel, complétement étranger à la matière. C'est le procédé analytique employé dans toute sa rigueur : l'existence des phénomènes révèle l'existence de la cause qui les produit ; leur nature révèle sa spiritualité. Saint Grégoire n'applique pas tout de suite le procédé analytique à la connaissance de l'âme ; il veut préparer l'esprit à le bien comprendre ; il l'applique d'abord, comme Cicéron, à la démonstration de l'existence de Dieu.

« Celui qui doute de l'existence de Dieu est un insensé, selon la parole du prophète. Mais puisqu'il faut parler de son existence, je vais vous donner une preuve, qui n'est ni à moi ni à aucun homme, car l'homme, quel qu'il soit, est toujours petit : c'est la nature entière qui nous la donne par les merveilles qu'elle renferme. L'œil l'apprend par ce qu'il regarde ; le spectacle de la nature est un maître dont la parole retentit jusqu'au fond du cœur (1).... »

Macrine décrit ensuite les principales merveilles de l'univers, l'harmonieux accord qui unit les êtres, et les lois auxquelles le mouvement des corps célestes est assujéti. Elle conclut qu'une sagesse divine, créatrice et modératrice, préside à toutes les parties de la création. Du monde de la nature, elle passe à ce qu'elle appelle un petit monde, μικρὸς κόσμος ; c'est le monde de l'âme, monde invisible, mais non moins admirable que celui dont la vue frappe nos regards (2) : « Lorsque nous voulons

(1) Greg. Nyss. de Anim. et Resur., p. 25, A. B.
(2) Cf. Ibidem, B. C. D.

faire attention à notre propre monde, les choses que nous apercevons nous fournissent un moyen facile d'arriver, par l'induction, à la connaissance des choses que nous ne voyons pas (1). »

Saint Grégoire a admis la force de l'induction lorsqu'il s'agissait de l'existence d'une sagesse infinie, révélée par les merveilles apparentes de l'univers ; il hésite à l'admettre lorsqu'il s'agit de l'existence de l'âme et de sa spiritualité : « Celui qui contemple l'harmonie et la beauté du monde..., peut bien arriver, par l'analogie, à la connaissance de la sagesse universelle ; mais comment la connaissance de l'âme peut-elle nous être donnée par les opérations corporelles, à nous qui allons à la recherche de ce qui est caché, par ce qui est apparent (2) ? »

La méthode adoptée par saint Grégoire et sa sœur est clairement indiquée. C'est bien le procédé analytique, le procédé qui saisit les faits les plus apparents et s'élève, par leur connaissance, à la connaissance du principe dont ils émanent. La suite de l'argumentation est encore plus explicite. Le médecin entre dans la cellule de Macrine pendant la discussion. Macrine en appelle aux actes mêmes par lesquels les médecins ont coutume de discerner les maladies ; elle montre que les conjectures de la médecine supposent, dans celui qui les fait, un principe intelligent, distinct des organes corporels ; elle surprend ainsi l'âme dans le plein exercice de ses facultés, et lui rend sa propre existence palpable par la réalité de ses opérations : « Comment se fait-il que le médecin, en appliquant seulement les doigts à l'artère, puisse comprendre, au simple contact, les cris de la nature qui l'implore et lui raconte ses souffrances?... Son regard même l'instruit de la maladie : il la devine à la couleur de la peau, à l'air et au visage de la personne malade... Tout lui sert, jusqu'à l'oreille qui ausculte la respiration...,

(1) Ibidem, p. 28, D. — Cf. Ibidem, p. 25, B. C. D.; 28, A. B. C. D.
(2) De Anim. et Resur., p. 29, A.

jusqu'à l'odorat qui comprend la nature du mal intérieur, à l'odeur qui s'exhale de la bouche (1). »

Les phénomènes psychologiques constatés, l'induction les exploite aussitôt, claire, précise, triomphante. « Ces faits peuvent-ils s'expliquer, continue sainte Macrine, s'il n'y a pas une certaine puissance intellectuelle présidant à chacun de nos sens?... Quelle connaissance la main peut-elle nous donner par elle-même, s'il n'y a pas une force intelligente qui se sert du tact pour connaître ce qui est caché ? Que peut l'œil séparé de l'intelligence ; que peuvent les oreilles ou les narines ?... Il y a donc en nous un principe intelligent qui voit par les yeux et qui entend par les oreilles (2). » Si ce principe intelligent n'existe pas, comment pouvons-nous quelquefois corriger les erreurs de nos sens? Comment, lorsque nos yeux nous montrent le disque du soleil si peu étendu, jugeons-nous qu'il surpasse bien des fois la grandeur de la terre (3) ? « N'est-il pas évident que votre œil ne vous donnerait aucune connaissance, s'il n'y avait en vous quelque chose qui voit par votre œil, quelque chose qui se sert des objets sensibles comme de moyens conducteurs, et qui arrive, par les choses apparentes, à la connaissance de ce qui n'apparaît pas (4) ? »

Sainte Macrine constate donc d'abord un certain nombre de phénomènes psychologiques, par l'analyse et l'observation, je pourrais dire par une véritable expérimentation, en surprenant l'âme au milieu même de ses actes de connaissance, de ses jugements, de ses raisonnements et de ses conjectures. Elle s'élève de la vérité des faits à la vérité de l'existence de l'âme, c'est-à-dire à l'existence d'une force intelligente, à laquelle les phénomènes observés se rapportent comme à leur cause :

(1) De Anim. et Resur., p. 30, C. D.
(2) De Anim. et Resur., p. 32. A. B. C.
(3) Cf., Ibidem, p. 32, B. C. D.
(4) Ibidem, p. 33, C.

n'est-ce pas appliquer à la psychologie le procédé analytique dans toute sa rigueur? Nous n'insisterons pas plus longtemps; l'application de la méthode expérimentale ressort avec une pleine évidence. Quant aux doctrines qui sont discutées, nous aurons occasion de les examiner lorsque nous exposerons l'enseignement de saint Grégoire sur la nature et les facultés de l'âme.

§ III.

Nous avons dit que saint Grégoire aimait à unir les lumières de la raison naturelle à l'autorité des Divines Écritures, et nous avons signalé le dogme de la Résurrection comme l'un de ceux à l'étude desquels il a le plus souvent appliqué la philosophie. C'est par la méthode d'induction qu'il introduit la philosophie dans le domaine de la foi, et qu'il l'oblige à recevoir l'enseignement chrétien sur la Résurrection des morts.

Au chapitre vingt-cinquième du traité de la Formation de l'Homme, saint Grégoire se pose hardiment la question de savoir par quels moyens ceux qui sont étrangers à la foi peuvent être amenés à croire à la future reconstitution de l'homme, annoncée dans l'Évangile. Le chapitre est long; nous en reproduirons néanmoins les parties principales. On ne lira pas sans intérêt la solution donnée par saint Grégoire à une question si importante. Son argumentation est vive et pressante, sa conclusion rigoureuse : il se sert de la philosophie elle-même pour soumettre la philosophie à l'autorité des Écritures. Puis, comme pour lui rendre le joug de la foi moins pesant, il use de tous les ménagements de la méthode expérimentale; il multiplie les images, les comparaisons et les exemples; il semble prendre à tâche de déployer toutes les richesses de sa brillante imagination (1).

Ceux qui mesurent la puissance de Dieu à leur propre faiblesse, pensent que la Résurrection des corps est impossible ; « car, disent-ils, ce qui est en mouvement ne peut cesser de se mouvoir, et ce qui est privé de mouvement ne peut commencer à se mouvoir (2). » — Saint Grégoire ne s'arrête pas à discuter ce raisonnement obscur de la philosophie. Voici sa réponse :

La Résurrection des corps aura lieu, parce que celui qui l'a annoncée est souverainement digne de foi. Comment est-il digne de foi? Parce qu'il a fait d'autres prédictions que l'événement a justifiées. — L'Évangile contient plusieurs prédictions. Si quelques-unes sont vraies, il faudra croire à la vérité de celle qui annonce la Résurrection des morts. Si quelques-unes sont fausses, il faudra rejeter la croyance au dogme de la Résurrection ; car la vérité ou la fausseté de quelques-unes suffit à démontrer la vérité ou la fausseté de toutes les autres : « Examinons une ou deux des prophéties qui sont contenues dans l'Évangile ; comparons-les aux événements qu'elles annoncent, et jugeons par ce rapprochement si la parole des Écritures est une parole de vérité. »

« Qui ne sait de quel éclat florissait autrefois le royaume d'Israël, lorsqu'il luttait contre les puissances de la terre ; avec quel orgueil Jérusalem montrait ses palais, ses murailles et ses tours, étalait la magnificence de son temple. Un jour même, les disciples du Sauveur lui exprimèrent leur admiration à la vue de tant de merveilles (3). »

Le Sauveur leur prédit alors que toute cette splendeur serait dissipée, qu'il n'en resterait plus rien, et que la solitude régne-

(1) Cf. Greg. Nyss. de Opif. Homin., c. XXV, p. 213-224.
(2) Ibidem, p. 213, C. D.
(3) De Opif. Homin., c. XXV, p. 216, A. B.

rait en ce lieu (1). Au temps de sa passion, il redit la même chose aux femmes de *Jérusalem*, qui se lamentaient sur l'injustice dont elles le voyaient accablé (2).

Regardez maintenant Jérusalem. Où est son temple? où sont ses splendides palais, ses murailles et ses tours? Qu'est devenue la puissance des Juifs? Ne voyons-nous pas ce peuple dispersé par toute la terre (3)? Or, il me semble que le Seigneur n'a pas fait cette prophétie à cause des événements eux-mêmes, dont les Juifs allaient bientôt voir l'accomplissement de leurs propres yeux. « Il avait en vue des vérités d'un ordre plus élevé, auxquelles il voulait que l'accomplissement de sa prophétie servît de témoignage irrécusable (4).

» Un laboureur veut expliquer la vertu des semences. Celui auquel il s'adresse n'a aucune notion de l'agriculture, et refuse d'ajouter foi à sa parole. Quel moyen le laboureur prend-il pour le convaincre? Il fait l'expérience de la germination sur un seul des grains d'orge ou de blé qui sont contenus dans le boisseau, et il affirme de tous ce dont l'expérience vient de démontrer la vérité pour un seul. Quiconque, en effet, verra ce grain d'orge ou de blé, jeté en terre, produire une tige et un épi, ne pourra douter que la même chose ne s'accomplisse pour tous les autres grains. Ainsi, l'accomplissement des autres prophéties est une preuve suffisante que la prophétie de la Résurrection aura aussi son accomplissement (5). » Pourquoi? Parce que l'accomplissement d'une seule prédiction révèle le caractère divin de celui qui prophétise, comme la germination d'un grain de blé révèle une loi générale à laquelle sont nécessairement soumis tous les autres grains de blé confiés à la terre (6).

(1) Marc XIII, 1, 2.
(2) Luc. XIX, 43.
(3) Cf. de Opif. Homin., c. XXV, p. 216, C. D.
(4) Ibidem, p. 216, D.
(5) De Opif. Homin., c. XXV, p. 216, D.
(6) Cf. Ibidem, p. 224, A.

Cette argumentation de saint Grégoire est du plus haut intérêt au point de vue de la méthode. Elle renferme deux inductions. L'une repose sur une loi générale de la nature : c'est une induction physique aussi rigoureusement formulée qu'elle l'a été depuis par les modernes. L'autre appartient à l'ordre moral : elle s'appuie sur la première ; elle est aussi légitime et aussi rigoureuse, parce que les lois du monde moral ne sont ni moins inflexibles ni moins générales que les lois du monde physique.

La suite du chapitre est consacrée à expliquer le dogme de la Résurrection, par des exemples empruntés à la Sainte Écriture. C'est une nouvelle preuve expérimentale, du genre de celles que l'on appelle preuves par les semblables. Le Divin Maître, continue saint Grégoire, comprenant toute la faiblesse de notre intelligence, a voulu nous préparer peu à peu, par une suite progressive de faits miraculeux, à recevoir avec docilité la foi au grand miracle de la Résurrection. « Ainsi, la sagesse de la mère sait donner à son enfant la nourriture qui convient à son âge. Elle présente d'abord le lait de ses mamelles à sa bouche délicate. Lorsqu'il est un peu plus âgé et que ses dents apparaissent déjà, elle commence à lui donner du pain ; mais ce pain est si léger, qu'il ne peut ni fatiguer l'estomac ni blesser les gencives encore tendres de l'enfant. Ce n'est qu'après l'avoir ainsi préparé peu à peu qu'elle lui fait prendre une nourriture plus fortifiante (1). »

Le Divin Maître a usé des mêmes ménagements envers notre faiblesse ; il nous a préparés au grand miracle de la Résurrection par toute une série de miracles plus frappants les uns que les autres. La belle-mère de Simon était malade de la fièvre : elle fut guérie à la parole même du Seigneur, et elle se mit à le servir lui et les apôtres (2). Le fils d'un gouverneur est sur le point de mourir : le Seigneur lui rend la santé, sans avoir besoin

(1) De Opif. Homin., c. XXV, p. 217, A. B.
(2) Luc. IV, 38.

de s'approcher de lui et de le voir (1). Suivent des miracles encore plus difficiles. C'est la fille du chef de la synagogue, que Jésus veut aller visiter et qui meurt avant son arrivée. Sa seule volonté suffit pour la faire sortir du sommeil de la mort (2). Vient ensuite la résurrection du fils de la veuve de Naïm, qui révèle encore plus de puissance et rend plus facile à croire le dogme de la Résurrection universelle (3).

« Le récit de l'Évangile est plein de larmes. » — Saint Grégoire le commente avec une exquise délicatesse de langage et de sentiment.

« La mère du jeune homme est une femme veuve. Que de douleurs renfermées dans ce peu de paroles!... Il est fils unique! Sa mère n'a éprouvé que pour lui les douleurs de l'enfantement; elle n'a nourri que lui du lait de ses mamelles! Sa table n'avait de joie que par lui: seul il avait le secret et la source de la félicité du toit domestique. Qu'il se livrât aux amusements ou qu'il donnât ses soins à des choses sérieuses, qu'il fût occupé d'exercices corporels, qu'il prît part à une fête, qu'il parût en public, qu'il se mêlât aux jeux ou aux conversations de la jeunesse, seul il était pour les yeux de sa mère tout plaisir et tout bien.... Il est à l'âge où l'on choisit une épouse; il est la racine encore vivante de la famille, le rameau qui donne l'espérance d'une postérité, le bâton réservé à la vieillesse de sa mère. Que l'Évangile inspire de pitié en indiquant son âge!... Aussi Jésus voyant sa mère fut-il ému de compassion jusqu'au fond des entrailles. Il s'approcha du cercueil; ceux qui le portaient s'arrêtèrent aussitôt; il s'écria en s'adressant au mort : « Jeune homme, je vous le dis, sortez de votre sommeil; » et il le rendit vivant à sa mère (4). »

(1) Joan. IV, 46, sqq.
(2) Marc X, 22, sqq.
(3) Luc. VII, 11, sqq.
(4) De Opif. Homin., c. XXV. p. 220, A. B. C. D.

Saint Grégoire raconte deux autres miracles : la résurrection de Lazare, et l'action plus merveilleuse encore par laquelle Jésus-Christ s'est ressuscité lui-même. Lazare est mort depuis quatre jours ; il exhale déjà la corruption du tombeau ; Jésus-Christ est assez puissant pour le rappeler à la vie. — Son propre corps a été déchiré par les tortures de la Passion : on peut sonder ses plaies et mesurer la profondeur de la blessure que le fer du soldat a creusée dans son côté ; Jésus-Christ sort triomphant de son sépulcre.

Si de tels prodiges se sont accomplis, n'est-il pas naturel de conclure que la Résurrection des morts s'accomplira aussi ? Elle n'est qu'un fait de plus ajouté à une série de faits semblables : la guérison de la belle-mère de Simon-Pierre prépare celle du fils du gouverneur ; la guérison du fils du gouverneur prépare la résurrection de la fille du chef de la synagogue ; la résurrection de la fille du chef de la synagogue, celle du fils de la veuve de Naïm ; puis celle de Lazare et enfin celle de Notre-Seigneur lui-même ; tous ensemble, ces prodiges annoncent le grand miracle de la Résurrection générale à la fin des temps. C'est l'induction par l'analogie des faits.

Le futur miracle de la Résurrection des morts épouvante l'imagination lorsqu'on le considère isolément et en lui-même. Il n'a plus rien qui étonne, envisagé après une série de faits qui sont ce qu'il doit être. L'expérience a montré l'efficacité de la cause qui produira la Résurrection ; le dogme chrétien n'a plus rien qui effraie, et la raison se soumet sans résistance (1) ?

Telles sont les deux preuves par lesquelles saint Grégoire essaie d'amener la philosophie à accepter le témoignage de l'Écriture. Elles appartiennent toutes deux au procédé analytique. La première est une induction rigoureuse. « L'accomplissement bien avéré d'une prédiction prouve la vérité de toutes les

(1) Cf. de Opif. Homin., p. 221, A. B. C. D.

autres (1) ; » elle prouve donc que la parole prophétique sortie de la bouche du Sauveur, pour annoncer la Résurrection générale, ne peut manquer d'avoir son accomplissement. La seconde repose sur une analogie d'autant plus forte, qu'elle est mieux préparée par le récit d'un grand nombre de miracles, semblables à celui dont on veut prouver la future réalisation. « Notre-Seigneur, en ressuscitant un si grand nombre de morts, nous enseigne le dogme de la Résurrection non-seulement par sa parole, mais aussi par l'expérience des faits (2). » — Saint Grégoire ajoute aussitôt : « Quel prétexte reste-t-il à ceux qui ne croient pas? Si la philosophie persiste à attaquer l'enseignement chrétien, elle est trompeuse : il faut dire adieu à ses subtilités, et s'attacher à la simplicité de la foi (3). »

Cependant il ne se tient pas encore quitte envers la philosophie. Le dogme de la Résurrection suppose que l'âme s'unira de nouveau aux éléments qui ont formé son corps. La philosophie se demande comment l'âme pourra retrouver ces éléments confondus et dispersés par la mort. Elle ne veut pas comprendre la possibilité d'une telle recomposition, et elle prononce que les paroles de l'Évangile renferment des contradictions insolubles.

Saint Grégoire traite la question de la possibilité de la Résurrection au vingt-sixième et au vingt-septième chapitre du livre de la Formation de l'Homme. Nous aurons occasion d'examiner, dans la suite de nos études, une théorie de saint Grégoire qui répond directement aux difficultés de la philosophie. Dans les chapitres dont nous parlons, il se contente de faire allusion à sa doctrine sur la nature des éléments matériels ; il aime mieux en appeler aux comparaisons et aux analogies de la méthode expérimentale. « Lorsque vous examinez les éléments de l'univers, vous regardez comme très-difficile que les éléments dispersés

(1) De Opif. Homin., c. XXV, p. 224, A.
(2) Ibidem, A. B.
(3) Ibidem.

par la mort se retrouvent au milieu de la confusion et se réunissent de nouveau.... Pourquoi ne voulez-vous pas apprendre, par l'expérience et par des exemples naturels, que cette recomposition n'excède pas le pouvoir divin (1) ? » N'avez-vous pas vu des pâturages où sont confondus des troupeaux qui appartiennent à différents maîtres ? Est-ce que chaque maître ne sait pas reconnaître son troupeau ? est-ce que les troupeaux eux-mêmes ne reviennent pas à leurs étables ? Pourquoi chaque âme ne reconnaîtrait-elle pas, et ne reprendrait-elle pas les éléments qui lui appartiennent ? Considérez les plantes qui s'offrent à vos yeux. « La nature paraît-elle s'occuper du blé, du mil ou des autres semences qui sont confiées à la terre ? Travaille-t-elle pour faire sortir de ces semences les tiges, les moissons et les épis ! Non : les sucs de la terre viennent d'eux-mêmes féconder les germes de chaque semence, et chacune des plantes que nourrit la terre puise, à la source commune, le suc qui lui convient. Pourquoi trouverait-on absurde que chaque âme puisse retrouver les éléments qui doivent reconstituer son corps, comme chaque plante sait attirer le suc dont elle a besoin ? Il n'y a donc dans le dogme chrétien rien de plus extraordinaire que ce qui nous est manifesté tous les jours par l'expérience (2). »

Nous avons multiplié les citations pour mieux faire connaître le genre de saint Grégoire, et montrer quel parti il a su tirer de la méthode analytique, de ses observations, de ses similitudes, de ses analogies et de ses inductions. Il n'a pas négligé pour cela les considérations plus élevées de la métaphysique : nous aurons occasion de le constater bien des fois dans le cours de ces études. Mais il était utile de signaler ce côté de sa méthode, parce que saint Grégoire a exploité les ressources du procédé analytique avec un rare bonheur, et une précision qu'on

(1) De Opif. Homin., c. XXVII, p. 225. A. B.
(2) Ibidem. p. 228, D.

est trop accoutumé à regarder comme une qualité propre à la philosophie moderne.

Nous savons de quelle manière saint Grégoire a conçu la science de l'âme, et par quels moyens il a cherché à l'acquérir. L'étude attentive de sa doctrine va nous montrer comment il a réalisé son idée de la science psychologique, quels ont été les résultats de ses efforts et de sa méthode.

CHAPITRE III.

De l'Existence et de la Nature de l'Ame.

§ I.

Qu'est-ce que l'âme ? « L'âme, répond saint Grégoire, est une substance d'une espèce particulière ; elle a son existence propre, et ne ressemble en rien aux éléments grossiers qui forment les corps.... Elle est invisible, elle n'a point de figure : aucune opération des sens ne peut la percevoir (1). L'âme est immatérielle, incorporelle ; elle agit à sa manière, elle se meut d'un mouvement qui lui est propre et qui se manifeste par les organes du corps.... Les philosophes ont donné différentes définitions de l'âme.... Pour nous, voici le sentiment que nous avons sur la nature de l'âme : L'âme est une essence engendrée, une essence vivante, intelligente et spirituelle, qui communique la vie aux organes corporels, et à nos sens la faculté dont ils jouissent de percevoir les objets matériels, tant que subsistent les liens établis par la nature entre l'âme et le corps (2). »

(1) De Anim. et Resur., p. 28, C. D.

(2) Ibidem, p. 29, B. C. D. — Cf. August. de Genes. ad Litteram, lib. VII, cap. XV, XX, XXI. — De Quantit. Animæ, cap. III, IV, XIII, XIV, XIX, XXIII, XXX.

La notion de l'âme expliquée, la philosophie doit se demander si cette notion correspond à quelque réalité existante, ou si elle n'exprime qu'un être fictif, une pure abstraction de la pensée. Avons-nous réellement une âme ? Chaque homme recèle-t-il en lui-même un principe intelligent et spirituel, quelque chose de vivant et d'invisible qui n'est pas son corps, mais qui communique à son corps la vie et le mouvement ? L'homme n'est-il pas plutôt un assemblage d'éléments corporels ? Ne se résume-t-il pas tout entier dans ce qui frappe nos yeux : des organes, des sens, une forme plus noble qui le distingue des autres animaux ? S'il en est ainsi, nous n'avons plus d'incertitude sur la destinée de l'homme : il apparaît un instant sur la terre, s'agite avec plus ou moins de bruit, selon la condition dans laquelle la nature l'a fait naître, puis il disparaît tout entier lorsque la mort vient dissoudre et confondre les éléments dont il était composé. Dès lors, selon la pensée de saint Grégoire, ce qu'il y a de plus beau sur la terre, la vertu, n'est plus qu'un vain mot. Aucune place ne lui est laissée dans la vie de l'homme, si tout se borne aux choses présentes et s'il ne reste plus rien de l'homme après sa mort (1).

Il est donc de la dernière importance de bien constater que l'homme n'est pas seulement un assemblage d'éléments matériels, mais qu'il porte en lui-même un principe de vie indépendant de la matière, quelque chose qui n'est pas son corps et qui ne disparaît pas au milieu des ruines et de la dissolution du corps. Nous avons dit par quel procédé philosophique saint Grégoire prouve tout à la fois l'existence et la spiritualité de l'âme. Nous ne dirons plus rien de sa méthode ; nous nous contenterons d'exposer sa doctrine et de suivre ses raisonnements.

Saint Grégoire veut démontrer qu'il y a en nous un principe intelligent et spirituel complétement distinct du corps. « Lorsque

(1) Cf. de Anim. et Resur., p. 20, A. B.

nous considérons un vêtement, dit-il, nous pensons aussitôt à la main qui en a ourdi les trames. L'idée d'un vaisseau nous fait penser à celui qui l'a fabriqué. La vue d'une maison rappelle à tous ceux qui la voient l'ouvrier qui l'a construite (1). » Quiconque considère l'harmonie du monde et contemple les merveilles des cieux et de la terre, ne peut s'empêcher de reconnaître qu'une intelligence divine a disposé et gouverne toutes les parties de l'univers (2).

Ainsi, continue saint Grégoire, si nous voulons faire attention à notre propre monde, c'est-à-dire à nous-mêmes, nous trouverons sans peine le principe caché qui le vivifie et le gouverne. Nous croyons à l'existence d'une sagesse infinie, parce qu'il n'est pas possible d'attribuer au hasard et à la matière toutes les merveilles que nous admirons dans la nature. Nous devons croire qu'un principe intelligent et spirituel produit les merveilleuses opérations qui s'accomplissent en nous, parce qu'aucun principe matériel ne saurait les produire (3).

L'argument proposé par saint Grégoire repose donc sur la nature des phénomènes dont nous sommes le centre, et sur l'impossibilité de les attribuer à une cause composée d'éléments divisibles et séparables. C'est la preuve la plus facile à saisir, et, je crois aussi, la plus fondamentale que l'on puisse donner de l'existence et de la spiritualité de l'âme. Il y a différentes manières de la présenter. On peut examiner l'ensemble des phénomènes psychologiques, sans en faire ressortir aucun : un pareil examen mène facilement à cette conclusion, que le principe de phénomènes si nombreux et si variés ne saurait être complexe et divisible. On peut considérer un ordre déterminé de faits psychologiques; par exemple, les opérations de la mémoire ou les mouvements de la volonté; on peut même s'arrêter

(1) De Anim. et Resur., p. 24, A. B.

(2) Cf. Ibidem, p. 21, C. D.; 25.

(3) Cf. de Anim. et Resur., p. 28, C. D.

à quelque fait isolé, à une notion intellectuelle, un jugement, un raisonnement, un acte d'amour ou de haine : l'existence d'un principe intelligent et spirituel ressort de chaque mouvement de l'âme comme de tout l'ensemble de ses opérations.

Platon, qui se sert de cet argument dans le Phédon, s'attache principalement à la faculté par laquelle nous connaissons les idées et les vérités éternelles. Il affirme que la force intelligente qui les saisit est essentiellement spirituelle, parce que ces vérités n'ont elles-mêmes rien d'étendu, rien de matériel et de divisible (1). Aristote fait reposer son argumentation sur tout l'ensemble des phénomènes psychologiques. « Il ne croit pas, dit Cicéron, que penser, prévoir, apprendre, enseigner, inventer, se souvenir, aimer, haïr, désirer, s'affliger, se réjouir, et autres opérations semblables, puissent être l'effet d'aucun élément matériel (2). » Quant à Cicéron lui-même, tantôt il décrit les prodigieuses richesses de la mémoire, tantôt il s'arrête aux inventions que le génie de l'homme a enfantées. Il cite avec le plus vif sentiment d'admiration les créations de la poésie, les beautés de la musique, l'invention des lettres alphabétiques, les étonnants calculs de l'astronomie. La vue de tant de merveilles le conduit à cette conclusion, qu'à moins d'être plongé dans le plus profond aveuglement, on ne peut douter que l'âme ne soit une substance très-simple, qui n'admet ni composition ni mélange (3). « Car il n'y a rien dans les éléments terrestres qui puisse expliquer la force de la mémoire, de l'intelligence et de la réflexion (4). »

Saint Grégoire s'est attaché aux opérations que l'âme accomplit au moyen des cinq sens, comme étant plus apparentes et moins contestables aux yeux de la philosophie matérialiste elle-

(1) Cf. Platon., Phédon, c. 26, 27.
(2) Cicero. Tuscul., L. I, X.
(3) Cf. Cicero. Tuscul., L. I, XXVII.
(4) Cicero. Tuscul., L. I, XXV.

même. On se rappelle avec quel à-propos il montre, par des exemples empruntés à la médecine, que les opérations des sens sont accompagnées de notions intellectuelles. Les yeux du médecin, dit sainte Macrine, examinent l'air et les traits du malade; ses oreilles auscultent la respiration; ses doigts interrogent le mouvement du sang dans les artères; l'odorat lui-même lui sert à découvrir la maladie, à pénétrer la nature et le principe du mal (1).

Au chapitre dixième du traité de la Formation de l'Homme, il parle encore avec plus de détails des innombrables notions que les sens nous font acquérir; il s'arrête avec une véritable complaisance à décrire l'ordre et l'harmonie avec lesquels toutes nos idées nous arrivent de divers côtés, sans se heurter ni se confondre.

« Je ne puis assez admirer, s'écrie-t-il, quelle vaste capacité intellectuelle l'homme possède au-dedans de lui-même. Tout ce qui frappe nos oreilles vient y prendre place; on dirait quelque secrétaire intérieur chargé de recueillir tout ce que nous entendons; quelque lieu destiné d'avance à recevoir toutes les connaissances qui nous sont apportées par l'ouïe. Comment se fait-il que des choses si nombreuses et si variées se placent et s'arrangent sans confusion ! Les mêmes merveilles se remarquent dans la faculté dont nous jouissons de distinguer les objets par la vue. Notre intelligence va saisir, comme avec la main, les choses extérieures par le moyen du regard; elle attire les images des objets; elle en garde les traits comme s'ils étaient gravés avec le ciseau du sculpteur. On dirait une vaste cité, qui reçoit dans son sein une multitude d'hommes venant de divers côtés. Tous ne se rendent pas au même endroit : les uns vont à l'agora, les autres à leurs demeures, les autres aux assemblées; d'autres à des rues étroites, d'autres à des rues spacieuses, d'autres aux théâtres; chacun se dirige où bon lui semble. C'est une image

(1) Cf. Greg. Nyss. de Anim. et Resur., p. 29, C. D.; 30, A. B.

de la cité que nous avons au-dedans de nous-mêmes. Nos sens sont les différentes voies qui conduisent à cette cité et qui la traversent : notre esprit discerne les choses qui se présentent pour entrer; il les examine et met chaque notion ainsi acquise à la place qui lui convient (1). »

Saint Grégoire prolonge cette description et cette image de la cité intérieure pour mieux faire ressortir la nature toute spirituelle du principe intelligent que nous appelons l'âme. Il la termine en faisant remarquer que tous nos autres sens, le goût, le tact et l'odorat, nous apportent aussi, chacun à sa manière, la notion des différents objets avec lesquels ils se trouvent en communication (2). — La conclusion se trouve au commencement du chapitre onzième. « Quelle est donc, demande saint Grégoire, la nature de ce principe intelligent qui se mêle aux opérations de nos sens et parvient ainsi à acquérir la connaissance des choses? Je crois, continue-t-il, qu'aucun homme sensé ne niera que ce principe soit tout-à-fait distinct de nos sens (3). »

La même conclusion est exprimée avec beaucoup plus de vivacité par sainte Macrine, dans le dialogue sur l'Ame et la Résurrection. « Comment, s'écrie-t-elle, nos sens pourraient-ils nous donner toutes les connaissances qu'ils nous donnent, s'il n'y avait point une force intelligente présidant à chacun? Qu'est-ce que notre main peut apprendre d'elle-même, s'il n'y a pas une intelligence qui connaît au contact de l'objet? Que peut l'oreille séparée de l'intelligence? Que peuvent tous nos autres sens s'ils sont seuls, sans aucun principe intelligent? Il faut donc conclure, avec la philosophie étrangère à l'Évangile, que c'est l'âme qui voit par les yeux, l'âme qui entend par les oreilles (4). »

(1) De Opif. Homin., c. X, p. 152, C. D.
(2) Cf. de Opif. Homin., c. X, p. 153, C.
(3) Ibidem, c. XI, p. 153, D.
(4) De Anim. et Resur., p. 32, A. B.

L'argumentation de saint Grégoire ne se borne pas à ces observations. Elle passe bientôt à d'autres phénomènes intellectuels, qui se rapportent encore aux cinq sens, mais dont la nature plus complexe est aussi plus difficile à expliquer, si l'on ne veut pas reconnaître dans l'homme un principe intelligent, distinct des organes corporels. Il y a des circonstances dans lesquelles nos jugements sont différents, selon que nous obéissons aux premières impressions de la sensibilité, ou que nous suivons les lumières du principe intelligent qui est en nous. Lorsque l'on consulte le témoignage des yeux, on ne donne au soleil que des dimensions très-restreintes; comment arrivons-nous à croire que sa grandeur dépasse bien des fois l'étendue de la terre? « N'est-ce pas au moyen des raisonnements que nous faisons, en tenant compte du mouvement, du temps, de la distance et de toutes les causes qui nous cachent les véritables dimensions du soleil (1)? » Ne nous semble-t-il pas aussi que la lune brille d'une lumière qui lui est propre! Nous jugeons cependant, et une exacte observation suffit pour le prouver, que la lune emprunte sa lumière au soleil. Elle en réfléchit les rayons, semblable à ces miroirs dont la surface polie, exposée au soleil, réfléchit une lumière qui ne leur appartient pas. N'est-il pas évident que jamais l'œil de l'homme n'eût pénétré les difficultés d'une telle science, si l'homme n'avait en lui-même un principe intelligent et spirituel, qui voit par les yeux corporels (2)? « Qu'est-il besoin de parler des procédés géométriques, qui nous élèvent, par le moyen des figures, jusqu'aux notions les plus intellectuelles? Mille autres choses se rapportent également à nos opérations sensibles et nous montrent, avec une pleine évidence, qu'il y a en nous une essence invisible, à laquelle il faut attribuer toutes les perceptions de nos sens (3). »

(1) De Anim. et Resur., p. 32, B. C.
(2) Cf. Ibidem, p. 32, c. 33. A. B.
(3) Ibidem, p. 33, C.

L'argumentation n'a pas encore atteint tout le développement que saint Grégoire veut lui donner. Des opérations plus compliquées prouveront encore mieux qu'il n'est pas possible d'attribuer les phénomènes psychologiques à une cause composée d'éléments corporels. Toutefois, saint Grégoire ne sortira pas de la sphère des opérations intellectuelles qui se traduisent au dehors par des applications sur la matière visible. Il en appelle, comme Cicéron, à la fécondité de l'industrie humaine et aux œuvres merveilleuses qu'elle enfante. Avec quelle habileté, s'écrie-t-il, l'homme n'a-t-il pas exploité la matière inerte? Avec quelle précision ne calcule-t-il pas les effets les plus surprenants? Il invente des machines si parfaites qu'on les croirait animées par une intelligence; il leur imprime le mouvement à son gré; il leur donne la figure qu'il lui plaît; il leur fait rendre des sons harmonieux, comme ceux que produirait un joueur de flûte (1).

Saint Grégoire décrit en cet endroit le mécanisme ingénieux d'un instrument de musique, dont l'exécution suppose des combinaisons difficiles et une application savante des lois qui régissent les rapports de l'air et de l'eau. C'est probablement l'orgue hydraulique, dont parle Tertullien au chapitre quatorzième de son traité de l'Ame, et que l'on croit avoir été inventé par Archimède. « Admirez, s'écrie Tertullien, l'étonnante munificence du génie d'Archimède! Je veux parler de l'orgue hydraulique. Admirez comment malgré tant de pièces, tant de parties, de combinaisons et d'issues ouvertes à la voix, malgré l'ensemble de tant de sons, le mélange de tant de modulations, malgré toute cette armée de flûtes, tout se résume dans l'unité la plus parfaite (2)! »

Longtemps avant Tertullien et saint Grégoire, on s'était arrêté saisi d'admiration devant cette prodigieuse figure d'Ar-

(1) Cf. de Anim. et Resur., p. 56-57.

(2) Tert. de Anim., c. XIV.

chimède. Cicéron voulant prouver la même thèse que nous développons aujourd'hui, n'hésite pas à proposer le génie de ce grand homme comme la révélation la plus manifeste de l'existence et de la spiritualité de l'âme (1). On dit que les découvertes modernes ont laissé bien loin derrière elles les machines d'Archimède. Peut-être est-il permis d'en douter; peu importe. Que l'on s'arrête aux inventions des anciens, ou que l'on admire les travaux de la science contemporaine, il est une chose que nul esprit raisonnable ne contestera jamais, c'est le témoignage tout resplendissant de vérité que la fécondité des arts rend à l'existence et à la spiritualité de l'âme. Saint Grégoire ne l'a pas ignoré. La considération des inventions humaines le frappe d'étonnement comme le spectacle de la nature. Les merveilles de la création lui font connaître le Créateur; celles de l'industrie, la haute intelligence de l'homme. « Il faut, dit-il, que l'homme conçoive d'abord l'idée de l'œuvre qu'il veut entreprendre. Il la prépare ensuite dans son esprit, il en dispose les parties par la méditation; puis, appelant à son secours toutes les ressources de l'art, il réalise sa pensée et fait éclater l'intelligence jusqu'au sein de la matière (2). » Lorsqu'on réfléchit à tout cet ensemble d'opérations, « est-ce que l'on n'est pas amené, par les choses apparentes, à voir distinctement que l'homme recèle en lui autre chose que ce qui frappe les sens, je veux dire une âme intelligente, dont la nature invisible prépare intérieurement, par la pensée, ce qu'elle exécute ensuite au dehors, par le concours de la matière et de l'industrie (3). »

L'âme n'est donc rien de ce qui est perçu par les sens. « Elle n'a ni couleur, ni figure, ni dureté, ni pesanteur, ni quantité, ni étendue, ni lieu dans l'espace, aucune des qualités que nous trouvons dans la matière (4)... Elle ressemble à Dieu

(1) Cf. Cicero. Tuscul., L. I, XXV.
(2) De Anim. et Resur., p. 36, C.
(3) Ibidem, p. 37, C.
(4) Ibidem, p. 40, C. D.

dont elle porte l'image : elle est intelligente, comme Dieu est intelligent ; incorporelle, dégagée de toute composition et de toute étendue, comme la substance divine est incorporelle, dégagée de toute étendue et de tout mélange matériel. Il ne faut pas dire cependant que l'âme est égale à Dieu : elle n'est que l'image de Dieu ; ce qui est, en Dieu, dans une nature increée, l'âme le reproduit, autant que cela est possible, dans une substance créée (1). »

Saint Grégoire joint ainsi les enseignements de la foi aux conclusions de la philosophie, en expliquant les propriétés de l'âme par les perfections de Dieu dont l'âme est la vivante image.

Les paroles de nos Saints Livres, « *faisons l'homme à notre image et à notre ressemblance,* » paraissent avoir été l'objet des méditations les plus assidues de saint Grégoire. Elles sont pour lui comme un lumineux flambeau, qui éclaire de ses splendeurs, les mystères de Dieu et les mystères de l'âme. Tantôt il étudie la nature de l'âme, dans les perfections de l'essence divine ; tantôt il cherche à comprendre les profondeurs de Dieu, par les merveilles qu'il aperçoit dans l'âme. Tantôt c'est l'archétype divin qu'il contemple d'abord pour descendre ensuite à la contemplation de l'âme ; tantôt c'est par la connaissance de l'âme qu'il s'élève jusqu'à l'éternel exemplaire, sur lequel l'âme a été formée.

Au chapitre onzième de son traité de la Formation de l'Homme, il avoue que la parfaite connaissance de l'âme est impossible, parce que celle de Dieu, son type exemplaire, l'est aussi : « Qui connaît l'esprit de Dieu, dit l'Apôtre ? — Pour moi, reprend saint Grégoire, j'ajouterai volontiers : Qui connaît son propre esprit (2) ?... La vérité la plus évidente, par rapport à Dieu, c'est que sa nature ne saurait être bien comprise. Si l'âme

(1) De Anim. et Resur., p. 41, C. D.
(2) De Opif. Homin.. c. XI, p. 153, D.

est son image, il faut qu'elle ait aussi son côté incompréhensible (1). » Dans le commentaire qu'on lui attribue sur les paroles, « *à l'image et à la ressemblance de Dieu,* » il s'élève par la considération de l'âme, jusqu'au plus profond mystère du dogme chrétien ; l'unité de l'âme lui révèle l'unité de Dieu, et la variété des facultés de l'âme, la trinité des personnes divines (2). L'une des plus belles pages de son discours sur les Morts, est une preuve de la spiritualité de l'âme, appuyée sur la spiritualité de Dieu, et sur la ressemblance que l'âme doit avoir avec lui.

« Nous devons travailler à nous connaître nous-mêmes, selon la maxime des sages... Mais il n'est pas facile à l'âme d'acquérir sa propre connaissance, rien ne pouvant rendre possible ce qui ne l'est pas. La nature a ainsi disposé les yeux de notre corps qu'ils peuvent voir les objets étrangers, et ne peuvent se regarder eux-mêmes. La même chose a lieu pour notre âme. L'âme étend partout ses investigations, elle examine et explore tout ce qui lui est étranger : elle ne peut se voir et se contempler elle-même. Que l'âme fasse donc pour se connaître ce que nos yeux font pour se voir. Comme ils ne peuvent tourner leurs regards sur eux-mêmes et se considérer par une vue directe, ils contemplent leur forme dans un miroir, et ils se voient dans leur image. Ainsi l'âme doit avoir recours à ce qui la représente : ce qu'elle aura remarqué dans celui à la ressemblance duquel elle a été faite, qu'elle le regarde comme ses propres traits. Il faut cependant modifier un peu l'exemple proposé pour que notre pensée soit exacte. C'est bien l'image de l'œil qui est reproduite dans le miroir; mais il n'en est pas ainsi de l'âme : car le type de la beauté est en Dieu, et c'est l'âme qui est faite à l'image de Dieu. C'est donc en regardant

(1) De Opif. Homin., c. XI, p. 156, B.

(2) Cf. Greg. Nyss. Quid sit, ad Imag. Dei et similitud. (Migne, Patrol. Græc., tom. 44, p. 1332).

son archétype, que l'âme peut se connaître exactement. Quelle est la nature de Dieu dont l'âme porte la ressemblance ? — Dieu n'a ni corps, ni forme, ni figure, ni quantité, ni dureté, ni pesanteur ; il n'est ni dans le lieu, ni dans le temps ; il n'a aucune des qualités qui caractérisent la matière : la nature divine est immatérielle, invisible, incorporelle, une et indivisible. Si tels sont les traits de l'exemplaire, il faut bien que l'âme, qui est faite à son image, soit marquée des mêmes caractères : elle est donc immatérielle, invisible, spirituelle et dégagée de tout élément corporel (1). »

§ II.

Il existe de mystérieux rapports entre l'âme et les diverses parties du corps. Nos affections les plus vives ont leur retentissement dans le cœur : le cœur est abattu par la tristesse ; il entre en ébullition lorsque nous sommes agités par la colère. Le cerveau paraît avoir la direction de tout le corps. C'est en lui que s'opère le travail de la pensée ; la moindre lésion de la membrane qui le contient suffit pour jeter la perturbation dans toutes les facultés intellectuelles (2). Les facultés de l'âme, qui s'exercent par le moyen des sens, sont complétement subordonnées au mouvement et à l'état des organes corporels : elles s'altèrent lorsque les organes s'altèrent ; elles peuvent même disparaître, si la ruine des organes est complète. Qui peut d'ailleurs se flatter de connaître la nature des choses corporelles ? Les corps ne sont-ils pas de différentes espèces ? Les propriétés de la matière ne sont-elles pas variées selon la variété

(1) Greg. Nyss. de Mortuis, p. 509, B. C. D. (Migne, tom. 46).
(2) Cf. de Opif. Homin., c. XII, p. 156, 157.

des espèces corporelles? La matière ne reçoit-elle pas les mouvements les plus opposés, tantôt s'élevant d'elle-même par sa légèreté, tantôt retombant par sa propre pesanteur?... Pourquoi les éléments matériels n'auraient-ils pas la vertu de produire la pensée? pourquoi la variété de leurs mouvements et la belle harmonie de leurs combinaisons ne seraient-elles pas le principe et la cause de tout ce que nous appelons les opérations intellectuelles (1)?

L'influence incontestable que les organes du corps exercent sur le développement de l'intelligence, a été souvent exploitée par la philosophie matérialiste. La philosophie ancienne en avait tiré toutes les inductions par lesquelles on a essayé depuis de combattre l'existence et la spiritualité de l'âme. Dicéarque avait nié l'existence de tout principe vital distinct du corps; il ne voyait que le jeu naturel des organes dans les pensées des hommes, et les mouvements des animaux (2). Aristoxène, Dinarque et Simmias avaient assimilé le corps humain à une lyre: l'âme humaine n'était que l'harmonie produite par le mouvement et la belle disposition des cordes de la lyre. Une lyre cesse de résonner et ne fait plus entendre ses mélodieux accords, lorsque ses cordes sont brisées: ainsi les facultés intellectuelles se troublent et ne manifestent plus leurs opérations, lorsque les organes du corps ont été altérés, viciés ou détruits (3). — « D'autres philosophes, dit Cicéron, ont attribué les opérations de l'âme à certaines parties du corps, principalement au cœur et au cerveau. Selon Empédocle, l'âme n'est rien autre chose que le sang, qui est répandu dans le cœur (4). »

Aristote a consacré les premiers chapitres de son traité de

(1) Cf. de Anim. et Resur., p. 34, D.; 36, A.

(2) Cf. Cicero. Tuscul., L. I, XI.

(3) Cf. Cicero. Tuscul., L. I, X. — Nemes. de Nat. Homin., c. II. (Migne, Patrol. Græc., tom. 45, p. 196).

(4) Cicero. Tuscul., L. I, IX.

l'Ame à exposer et à combattre la plupart de ces systèmes matérialistes (1). Le livre de Némésius, sur la Nature de l'Homme, contient une réfutation ingénieuse de l'hypothèse d'Aristoxène et de Dinarque, empruntée au Phédon (2). Aristoxène et Dinarque supposaient que le corps humain est une lyre, et que l'âme est un simple mot conventionnel dont on se sert pour exprimer les sons harmonieux de la lyre ; ils supposaient donc que l'âme, au lieu d'être une substance, n'est qu'une simple modification des éléments matériels. — Mais, fait observer Némésius, l'âme est le centre des phénomènes les plus opposés. Si l'âme n'est qu'une simple modification, une modification peut donc être contraire à elle-même ; les modes peuvent donc reposer sur d'autres modes, sans avoir besoin d'une substance qui en soit le sujet ? « L'âme est capable de vice et de vertu, dit-il ; l'harmonie ne peut pas être tout à la fois une harmonie et un chant discordant : donc l'âme n'est pas une harmonie. — L'âme reçoit les modifications les plus opposées ; elle est donc une substance, οὐσία ἐστὶ καὶ ὑποκείμενον. L'harmonie est une modification dans un sujet ; la modification du sujet ne saurait être prise pour le sujet lui-même : l'harmonie n'est donc pas une substance. Il n'est pas absurde que l'âme ait part à l'harmonie ; mais elle peut avoir part à l'harmonie sans être l'harmonie, comme elle peut avoir part à la vertu sans être la vertu (3). »

Saint Grégoire a fait allusion aux principales hypothèses par lesquelles la philosophie matérialiste a coutume de combattre l'existence et la spiritualité de l'âme (4). Il les a toutes réfutées par cette simple interrogation : « Comment des effets pure-

(1) Aristot. de Anim., Lib. I, c. III, IV, VI.

(2) Platon, Phédon, XXXVI, p. 85.

(3) Nemes., de Natur. Hom., c. II, p. 196, C.

(4) Cf. Greg. Nyss., de Opif. Homin., c. XII, p. 156-157. — Cf. de Anim. et Resur., p. 54-56.

ment spirituels, de la nature de ceux que l'on attribue à l'âme, peuvent-ils avoir un composé quelconque pour principe et pour cause ? — Πῶς τὸ νοητὸν ἐν συνθέσει (1) ; » Il n'est pas possible qu'un principe complexe produise les phénomènes psychologiques : donc l'âme n'est ni le cœur, ni le foie, ni le cerveau, ni aucune autre partie du corps. Saint Grégoire se garde bien de nier l'influence que l'organisme exerce sur les opérations de l'âme : ce serait attaquer un fait que l'expérience peut constater tous les jours. La mutuelle correspondance qui unit les organes corporels et les phénomènes psychologiques démontre que l'auteur de la nature a établi une union très-intime entre l'âme et les diverses parties du corps : elle ne prouve ni que l'âme soit une de ces parties, ni même qu'elle soit plus spécialement présente à tel ou tel de nos organes. L'âme est attachée à toutes les parties du corps par des liens dont l'esprit humain ne peut comprendre la nature. La perturbation que le dérangement des organes a coutume de jeter dans les facultés intellectuelles, est une conséquence naturelle de l'union de l'âme et du corps.

Le corps est bien réellement la lyre harmonieuse dont parle Aristoxène ; mais il ne faut pas faire disparaître le musicien qui doit s'en servir : ce musicien, c'est l'âme. Si la perturbation règne dans les organes corporels, on peut dire que les cordes de la lyre sont brisées : l'âme privée de son instrument ne fait plus entendre l'harmonie de ses pensées ; ses facultés se troublent, quelquefois même lui sont à jamais ravies.

« Dieu, dit saint Grégoire, a formé le corps humain comme un instrument de musique. Mais il arrive souvent que les musiciens les plus expérimentés ne peuvent déployer leur talent, parce que leurs instruments sont mauvais. Les instruments de musique peuvent être viciés par le temps ; ils peuvent se briser par quelque chute, devenir incapables d'aucun usage par la

(1) De Opif. Homin., c. XI, p. 155.

rouille ou la malpropreté. Ils ne rendent plus alors aucun son: ils ne remplissent plus leur but, quand même ils seraient touchés par les mains les plus exercées. L'âme ressemble au musicien. Celui-ci s'applique à toutes les parties de son instrument; ainsi l'âme, présente à toutes les parties du corps, les fait servir aux opérations intellectuelles qui lui ont été marquées par la nature. Si les organes corporels sont disposés comme ils doivent l'être, l'âme atteint son but et peut accomplir ses propres opérations. Si les organes sont viciés et ne se prêtent pas à ses mouvements, l'âme ne peut déployer ses énergies et demeure inactive. Car, ainsi l'a réglé la nature, l'âme exerce ses facultés lorsque le corps est convenablement disposé; elle ne peut les exercer lorsque le corps est privé de ses éléments d'ordre (1). »

§ III.

L'âme est donc unie au corps de l'union la plus intime; elle lui communique la vie et le mouvement; elle se sert des organes corporels pour exécuter et produire au dehors ses propres opérations. Toutefois, l'âme n'est pas le corps; sa nature diffère essentiellement de la nature corporelle: le corps est matériel et formé d'éléments séparables; l'âme est invisible et toute spirituelle (2). Aussi, ajoute saint Grégoire, le corps s'altère et se corrompt; l'âme est inaccessible à la mort. « Les éléments qui composent le corps peuvent être séparés et se dissoudre, le principe qui les unissait par son énergie vitale ne périt point pour cela. — Οὐκοῦν οὐδὲ, ἀναλυσάντων πρὸς ἑαυτὰ

(1) De Opif. Homin., c. XII, p. 161, B. C.

(2) Cf. de Anim. et Resur., p. 44, B. C. D.

τῶν ἐν τοῖς σώμασι στοιχείων, τὸ συνδέον αὐτὰ διὰ τῆς ζωτικῆς ἐνεργείας, ἀπόλωλεν (1). »

Ces paroles expriment la pensée qui a dirigé les investigations psychologiques de saint Grégoire et de sainte Macrine. L'immortalité de l'âme leur semblait une conséquence nécessaire de sa nature spirituelle. C'est donc à la question de la spiritualité de l'âme qu'ils s'attachent tout d'abord ; c'est elle qu'ils étudient et paraissent exclusivement s'appliquer à résoudre. Lorsqu'elle est résolue, sainte Macrine se contente d'affirmer l'immortalité de l'âme, comme un corollaire de son argumentation : Οὐκοῦν οὐδὲ, ἀπολυσάντων.... »

Longtemps avant saint Grégoire, la philosophie platonicienne avait cru à une connexion nécessaire entre la spiritualité de l'âme et son immortalité; ou plutôt, elle n'avait fait qu'une seule et même question de sa nature et de sa perpétuelle existence. Dans le Phédon, Socrate prouve l'immortalité de l'âme en prouvant que sa nature est immatérielle, et par conséquent inaccessible à la dissolution des corps. Cicéron reproduit la démonstration de Socrate : « L'âme est une substance spirituelle, dit-il; elle ne peut être ni séparée, ni divisée, ni déchirée, ni dispersée : elle ne peut donc pas périr, car la mort n'est qu'une désunion et une séparation des parties qui étaient liées ensemble (2). »

Pour la philosophie moderne comme pour l'ancienne philosophie spiritualiste, l'immortalité de l'âme est une conséquence naturelle, un simple corollaire de sa spiritualité.

« Est-ce donc une chose si difficile à reconnaître, dit Malebranche, que la différence qu'il y a entre l'âme et le corps, entre ce qui pense et ce qui est étendu? Faut-il apporter une si grande attention d'esprit, pour voir qu'une pensée n'est rien

(1) De Anim. et Resur., p. 44, C.

(2) Cicer. Tuscul., L. I, XXIX. — Cf. Platon., Phédon, c. XXV, p. 78.

de rond ni de carré; que de l'étendue n'est capable que de différentes figures et de différents mouvements, et non pas de pensées et de raisonnements; et qu'ainsi ce qui pense et ce qui est étendu sont deux êtres tout-à-fait opposés. Cependant cela seul suffit pour démontrer que l'âme est immortelle et qu'elle ne peut périr, quand même le corps serait anéanti... C'est une notion commune à tout homme qui se sert plutôt de la raison que de ses sens, que rien ne peut s'anéantir par les forces ordinaires de la nature; car de même qu'il ne peut se faire naturellement quelque chose de rien, il ne peut se faire aussi qu'une substance ou qu'un être devienne rien. Le passage de l'être au néant, ou du néant à l'être, est également impossible; les corps peuvent donc se corrompre, si l'on veut appeler corruption les changements qui leur arrivent; mais ils ne peuvent pas s'anéantir. Ce qui est rond peut devenir carré, ce qui est chair peut devenir terre, vapeur et tout ce qui vous plaira, car toute étendue est capable de toute sorte de configuration; mais la substance de ce qui est rond, et de ce qui est chair, ne peut pas périr.....

» Si l'esprit n'est point étendu, il ne sera pas divisible, et s'il n'est point divisible, il faudra demeurer d'accord qu'en ce sens il ne sera pas corruptible. Mais comment pourrait-on s'imaginer que l'esprit fût étendu et divisible? On peut, par une ligne droite, couper un carré en deux triangles, en deux parallélogrammes, en deux trapèzes; mais par quelle ligne peut-on concevoir qu'un plaisir, qu'une douleur, qu'un désir se puissent couper, et quelle figure résulterait de cette division? L'esprit n'est donc point étendu, il n'est point divisible, il n'est point susceptible des mêmes changements que le corps; néanmoins, il faut tomber d'accord qu'il n'est pas immuable par sa nature. Si le corps est capable d'un nombre infini de différentes figures et de différentes configurations, l'esprit est aussi capable d'un nombre infini de différentes perceptions, de différentes modifications. Comme après notre mort, la substance de notre chair se réduira en terre, en vapeur, en une infinité d'autres corps, sans s'anéantir; de même notre âme, sans rentrer dans le néant, aura des pensées et des sentiments bien différents de ceux qu'elle a pendant cette vie (1). »

Saint Grégoire a beaucoup plus insisté que Malebranche sur la spiritualité de l'âme; Malebranche, au contraire, fait mieux ressortir son immortalité; prise dans son ensemble, leur argumentation est exactement la même. Du reste, les développements qui manquent à la conclusion de saint Grégoire se retrouvent dans le traité de l'Ame adressé à Tatien; et, nous l'avons dit en commençant, tout porte à croire que cet opuscule appartient à l'évêque de Nysse. L'immortalité de l'âme y est prouvée par trois arguments.

Le premier repose sur le principe que nous venons de voir expliqué par Malebranche : je veux dire la perpétuelle existence que les êtres conservent toujours au milieu de leurs transformations les plus intimes.

« Je crois, dit l'auteur de ce traité, que l'immortalité de l'âme est une conséquence de sa nature spirituelle. Voici comment; écoutez-le : — Nul être ayant l'existence n'est destructeur de lui-même... Les êtres qui périssent ne tombent en dissolution que parce qu'ils sont composés d'éléments contraires (c'est-à-dire matériels, comme l'explique Aristote, dans le livre des Principes). En effet, tout ce qui périt est divisible : tout ce qui est divisible est composé, et tout ce qui est composé est multiple, par conséquent formé d'éléments contraires. Pour l'âme, elle est simple et non composée d'éléments contraires. N'étant pas composée, elle n'est pas divisible; n'étant pas divisible, elle ne peut être détruite et périr (2). »

Le second argument résume la preuve que les platoniciens

(1) Malebranche, Recherche de la Vérité, L. IV, c. II, IV, p. 121.

(2) De Anim. ad Tatianum, n. 6. (Migne, Patrol. Græc., tom. X, p. 1139).

ont tirée de la faculté que l'âme possède de se mouvoir elle-même (1).

Le troisième a beaucoup de ressemblance avec le premier. Il est encore emprunté à la philosophie platonicienne; il s'appuie sur cette raison qu'aucun des maux propres à l'âme n'est capable de détruire sa substance. « Les maux du corps sont la souffrance, la maladie, la mort : ils amènent naturellement la dissolution de ses éléments. Les maux de l'âme sont les craintes, l'envie, les désirs et autres passions semblables : ces maux ne peuvent enlever à l'âme ni la faculté de vivre ni celle de se mouvoir. L'âme est donc immortelle, car ce qui ne peut se corrompre par ses propres maux n'est pas soumis à la corruption (2). »

Saint Grégoire et Malebranche ont assurément présenté la preuve physique de l'immortalité de l'âme avec toute la force et la précision qu'on peut lui donner. Je ne crois pas cependant que leur argumentation soit péremptoire. L'âme ne périt point par la dissolution qui disperse les éléments du corps; cela est incontestable : l'argument allégué par les philosophes le démontre rigoureusement. Mais Dieu, qui a créé l'âme par un libre décret de sa volonté, ne peut-il pas retirer son décret créateur et la laisser retourner à son néant originel? Rien ne paraît s'anéantir dans l'ordre matériel; les formes seules sont dissipées; les substances survivent aux vicissitudes de leurs formes : c'est encore vrai. Mais en est-il ainsi dans l'ordre des pures intelligences? Quand bien même la loi de la perpétuité des substances serait universelle, ne pourrait-on pas se demander si elle sera toujours maintenue? Elle dépend du souverain arbitre de Dieu; les libres déterminations du Créateur peuvent-elles nous être connues, avec certitude, par les seules forces du raisonnement? Je voudrais une promesse et un témoignage authentiques de l'éternelle conservation des êtres.

(1) Platon, Phèdre, XXIV.
(2) De Anim. ad Tat., n. 6.—Cf. Platon, Repub., L. X, p. 610, D.

La philosophié a de fortes raisons en faveur de l'immortalité des âmes ; je ne sais pas si elle est capable de donner une démonstration complète. La spiritualité de l'âme nous fait légitimement conclure que la dissolution par laquelle le corps est détruit n'atteint pas la substance de l'âme. Elle ne nous dit rien de plus. Le spectacle de la vertu qui n'est pas récompensée sur la terre, celui du vice qui passe sans châtiment, démontrent qu'il y a une autre vie par delà le tombeau, où la justice divine aura son cours. Mais quelle sera la durée de cette vie? Sera-t-elle immortelle comme la vie de Dieu? Lorsque notre raison se place vis-à-vis de cette question, l'hésitation s'empare de notre jugement, malgré notre horreur instinctive du néant, malgré les incessantes aspirations qui nous font désirer la vérité infinie, la félicité sans fin et sans mélange. Nous affirmons l'immortalité de l'âme ; peut-être notre jugement est-il logique et rigoureux. Mais, soit égarement des passions, soit faiblesse naturelle de notre esprit, notre affirmation reste environnée de quelque nuage.

Ce que la philosophie hésite à nous dire, la foi nous l'enseigne de la manière la plus positive et avec la plus ferme assurance. L'immortalité de l'âme ressort avec éclat de tout le Christianisme, de ses dogmes, de sa législation, de son culte et de son histoire.

« On trouve, dit Némésius, beaucoup de preuves de l'immortalité de l'âme dans Platon et dans les autres philosophes. Mais elles sont embarrassées, difficiles à comprendre, à peine intelligibles à ceux mêmes qui ont été nourris dans l'étude des sciences philosophiques. Pour nous, nous n'avons besoin, pour démontrer l'immortalité de l'âme, que d'écouter l'enseignement des Divines Écritures, qui sont dignes de toute notre confiance puisqu'elles ont été inspirées par l'esprit de Dieu (1). »

(1) Nemes. de Natur. Homin., c. II (Migne, tom. 45, p. 214)

CHAPITRE IV.

De l'Unité de l'Ame et de la Variété de ses Facultés.

§ I.

UNITÉ DE L'AME.

Les opérations qui nous servent à acquérir la science démontrent que nous avons une âme intelligente, et que cette âme est immatérielle. Mais je ne sais, dit saint Grégoire, si une observation plus attentive ne doit pas nous faire conclure qu'il y a en nous plusieurs principes intelligents, plusieurs âmes. A côté de la force qui connaît et qui se sert des organes de la sensibilité pour connaître, nous avons une énergie qui désire, nous en avons une autre qui s'exerce par la colère. Car « beaucoup de nos actions sont inspirées par le concupiscible, beaucoup sont produites et dirigées par l'irascible (1). » Les actions de la concupiscence et de la colère, pas plus que les opérations intellectuelles, ne peuvent avoir leur cause dans une substance étendue et complexe : il faut donc les attribuer à des principes spirituels. Mais, selon les philosophes, tout principe spirituel est une âme. Il faut donc admettre plusieurs âmes : une âme

(1) De Anim. et Resur., p. 49, A.

principe des mouvements de la colère, une autre âme principe de la concupiscence, et une troisième à laquelle on rapportera toutes les opérations intellectuelles (1).

Saint Grégoire se pose ainsi à lui-même la question de la pluralité des âmes, si souvent débattue par la philosophie. C'est aux platoniciens qu'il emprunte les termes dont il se sert pour désigner le principe de la concupiscence et celui de la colère. Le passage que nous venons de citer renferme une allusion évidente à la doctrine qu'on a coutume de leur attribuer, sur le nombre et la distinction des âmes. — Platon a-t-il réellement enseigné la pluralité des âmes? On le lui a souvent reproché, et plusieurs endroits de ses ouvrages peuvent justifier ce reproche. Il admet évidemment trois principes distincts du corps : un principe immortel et divin qu'il appelle le raisonnable, τὸ λογικόν· deux principes inférieurs, terrestres et mortels, dont il appelle l'un le concupiscible, τὸ ἐπιθυμητικόν, et l'autre l'irascible, τὸ θυμοειδές. Chacun a ses attributions particulières, et sa place marquée dans le corps.

Le principe immortel est doué d'intelligence : « Dieu nous l'a donné pour qu'il soit notre génie. Il réside dans la tête, comme pour nous élever au-dessus de la terre, et nous rappeler que nous sommes plutôt des fils du ciel que des êtres terrestres (2). » Le concupiscible et l'irascible sont la source de toutes les passions, de la volupté, de la crainte, de la présomption, des fausses espérances, de l'implacable colère (3).... Les enfants de Dieu, auteurs de l'homme, séparèrent le concupiscible et l'irascible du principe intelligent, « de peur qu'il ne fût souillé par leur contact (4). » Ils placèrent le concupiscible, qui désire la nourriture, les breuvages et les

(1) Cf. de Anim. et Resur., p. 48, D.; 49, A. B.

(2) Cf. Platon, Timée, p. 90, A.

(3) Cf. Ibidem, p. 69, D.

(4) Cf. Ibidem, p. 69, E.

autres choses nécessaires au corps, dans la région des entrailles (1). Pour l'irascible, auquel appartiennent la force et la colère, ils le mirent entre les entrailles et le cou, dans le cœur, afin qu'obéissant à la raison, il aidât à réprimer les passions lorsqu'elles résisteraient aux ordres émanés de la tête (2).

Les paroles de Platon, entendues dans leur sens naturel, ne laissent aucun doute sur sa doctrine. Les trois principes sont évidemment trois âmes, trois substances différentes. L'une habite la tête, l'autre le cœur, la troisième les entrailles ; comment pourraient-elles constituer une seule et même substance? Mais la narration du Timée n'est peut-être qu'une ingénieuse allégorie, par laquelle Platon a voulu exprimer la variété des puissances de l'âme. Dans le Phèdre, il donne aux âmes des chars, des coursiers, des ailes (3) ; quelles contradictions n'offrirait pas un pareil langage, si l'on voulait y voir autre chose que des symboles ?... Que la narration du Timée soit aussi un symbole, le raisonnable, le concupiscible et l'irascible ne signifient plus trois âmes, mais seulement trois énergies de la même âme. Le cerveau, le cœur et les entrailles ne sont plus des demeures assignées à chaque âme, mais différents organes qui correspondent aux opérations de chaque faculté : le cerveau correspond aux élaborations de l'intelligence, le cœur aux impétuosités de la colère, les entrailles aux plus grossiers appétits de la concupiscence.

Une chose digne de remarque, c'est que Platon évite d'employer le pluriel de ψυχή lorsqu'il fait allusion aux divers éléments qui constituent l'homme intérieur. Veut-il parler des trois principes à la fois, il se contente de dire les trois formes de l'âme : Τρία ψυχῆς εἴδη — les trois formes qui sont dans

(1) Cf. Platon, Timée, p. 70, D.
(2) Cf. Ibidem, p. 70, A.
(3) Cf. Platon, Phèdre, c. 24, 26, p. 245-248.

l'âme : Τρία ἐν ψυχῇ εἴδη (1). Veut-il désigner l'un de ces principes en particulier, il ne l'appelle pas l'âme concupiscible ou l'âme irascible ; il l'appelle la forme concupiscible, la forme irascible de l'âme, ou plus souvent encore, ce qui est concupiscible, ce qui est irascible dans l'âme : Τὸ τῆς ψυχῆς ἐπιθυμητικόν,... τὸ θυμοειδές (2),... τὸ τῆς ψυχῆς μετέχον θυμοῦ (3). Il y a plus ; lorsque la concupiscence se révolte contre la raison, ce n'est pas la division d'une âme contre une âme, c'est la division de l'âme avec elle-même : « dans la division de l'âme, ἐν τῇ τῆς ψυχῆς στάσει, ce qui est irascible doit venir en aide à ce qui est raisonnable (4). »

Saint Grégoire avoue qu'il ne veut pas juger les allégories de Platon (5). Pour lui, il soutient sans hésiter la doctrine de l'unité de l'âme ; il ne voit dans le concupiscible, l'irascible et le raisonnable, que trois facultés différentes du même principe. Le raisonnable est la plus noble des facultés de l'âme ; il en est l'élément immortel et divin (6). Le concupiscible et l'irascible appartiennent à l'âme, mais ils ne constituent pas son essence. Ce sont comme « certaines démangeaisons que l'âme éprouve (7), » à cause de son union avec le corps ; ils sont communs aux êtres intelligents et aux animaux privés de raison (8) ; ils forment l'élément terrestre et mortel de l'âme.

Platon appelle aussi le raisonnable la partie immortelle et divine de l'âme, τὸ τῆς ψυχῆς ἀθάνατον (9). Le concupiscible

(1) Cf. Platon, Timée, p. 72, E. : 70, A : — Repub., L. IV, p. 440, 442.

(2) Cf. Idem, Repub. L. IV, p. 439, 442.

(3) Cf. Idem, Timée, p. 70, A.

(4) Platon, Repub., L. IV, p. 440, E.

(5) Cf. Greg. Nyss., de Anim. et Resur., p. 52, A. B.

(6) Cf. Ibidem, p. 58, B. C.

(7) Cf. Ibidem, p. 56, C.

(8) Cf. Ibidem, p. 54, A. B.

(9) Platon, Timée, p. 69, C.

et l'irascible forment la partie mortelle, τὸ ψυχῆς θνητὸν εἶδος (1) ; ils ne constituent pas l'essence de l'âme, « car l'homme est plutôt céleste que fils de la terre, φυτὸν οὐκ ἔγγειον, ἀλλὰ οὐράνιον (2). » Platon avoue même que le concupiscible et l'irascible ne sont qu'une conséquence de l'union de l'âme et du corps : ils naissent dans l'âme à la suite des impressions qui lui sont transmises par les organes corporels. « *Quand par une loi fatale, dit le Souverain Maître du monde, les âmes seront unies à des corps, et que ces corps recevront sans cesse de nouvelles parties et en perdront d'autres, les impressions violentes produiront d'abord la sensation, puis l'amour mêlé de plaisir et de peine, enfin la crainte et la colère, et toutes les autres passions qui naissent de celles-là, ou leur sont contraires* (3). » Peut-être saint Grégoire, tout en refusant de suivre Platon, a-t-il donné la véritable interprétation de sa doctrine.

Aristote est bien plus explicite que Platon sur l'unité de l'âme. Il parle néanmoins de deux âmes inférieures, que certains philosophes unissaient au principe intelligent. Il appelle la plus imparfaite, âme nutritive ou végétative ; on lui supposait la même nature et les mêmes propriétés qu'au principe vital qui nourrit les plantes. Il appelle la seconde, âme sensitive ; c'est l'âme qu'on a coutume d'attribuer aux animaux ; elle possède la vertu d'éprouver des sensations, et de produire les mouvements extérieurs qui suivent ou accompagnent les impressions de la sensibilité (4).

Saint Grégoire fait aussi mention de ces trois sortes d'âmes. Il les appelle des mêmes noms qu'Aristote : âme nutritive, âme

(1) Platon, Timée, p. 69, C.

(2) Ibidem, p. 90, A.

(3) Ibidem, p. 42, A.

(4) Cf. Aristot., de Anim., L. I, c. II, c. IX ; L. II, c. III, IV ; L. III, c. XII.

sensitive, âme intelligente ou raisonnable; mais il n'admet pas qu'elles subsistent à la fois et numériquement distinctes dans le corps humain. « Il y a, dit-il, trois degrés de forces vitales : une force vitale qui est douée de la vertu nutritive, mais qui manque de la sensibilité; une autre force vitale qui est douée de la vertu nutritive et de la sensibilité, mais qui est privée de la raison; puis une troisième qui jouit de la raison et de tous les autres degrés de vie (1). » — L'homme résume ces trois degrés de vie; « mais il ne faut pas lui attribuer pour cela plusieurs âmes, occupant des circonscriptions différentes dans le corps humain. L'âme humaine n'est pas composée de trois âmes; elle est unique, intelligente, spirituelle, unie par le moyen des sens à la nature matérielle (2). »

La question de l'unité de l'âme n'a pas seulement agité la philosophie, elle a vivement préoccupé les auteurs des premiers siècles de l'Église qui ont écrit sur l'âme. Origène avait enseigné que l'homme a deux âmes : le *spiritus*, ou πνεῦμα, qui est l'âme purement intelligente, et l'*anima*, ou ψυχή, qui tient le milieu entre le corps et l'esprit (3). Plusieurs écrivains ecclésiastiques distinguèrent avec lui l'*anima* du *spiritus*, et virent dans l'homme trois natures numériquement distinctes : l'esprit, l'âme et le corps. Ils s'appuyaient principalement sur ces paroles que saint Paul adresse aux Thessaloniciens : « Ipse autem Deus pacis sanctificet vos per omnia : ut integer spiritus vester, et anima, et corpus, sine querela, in adventu Domini nostri Jesu Christi servetur (4). »

Selon saint Grégoire, les mots *spiritus*, *anima*, *corpus*, n'indiquent pas trois substances différentes; l'apôtre fait allusion aux trois degrés de vie que Dieu a mis dans l'homme. Le corps

(1) Greg. Nyss. de Opif. Homin., c. XIV, p. 175, B. C.
(2) Ibidem, p. 175, C.
(3) Origen. de Princip., p. 461.
(4) I Thessal., V, 23.

signifie la vie nutritive ; l'âme, la sensibilité ; l'esprit, la vie supérieure et raisonnable. Il faut interpréter de la même manière, continue saint Grégoire, les paroles de l'Évangile : « Tu aimeras le Seigneur, ton Dieu, de tout ton cœur, de toute ton âme et de toute ta pensée. » Le cœur désigne la substance corporelle ; l'âme, ce qu'il y a d'intermédiaire ; la pensée, ce qu'il y a de plus élevé dans notre nature : la faculté de connaître et d'agir (1).

On s'est trompé sur l'unité de l'âme, parce que l'on a supposé que plusieurs âmes expliqueraient mieux la variété des phénomènes psychologiques. C'est précisément la multiplicité et la variété des opérations de l'âme qui prouvent l'unité de sa substance. Attribuez chaque groupe d'opérations à un principe substantiel distinct, les faits que l'expérience constate sont complétement intervertis : il y a pluralité d'âmes, il n'y a plus multiplicité et variété d'opérations. Chaque âme accomplit ses actes, sans prendre part aux actes des autres âmes, sans même avoir la possibilité d'en acquérir la connaissance. L'homme n'est plus un seul être, c'est un monde où s'agitent plusieurs êtres qui n'ont rien de commun que le corps qu'ils habitent. Le moyen d'unir ces êtres épars serait d'en supposer un d'une nature plus parfaite, qui aurait le gouvernement général, surveillerait les opérations des autres âmes et s'en attribuerait la responsabilité. Mais, évidemment, cette âme plus parfaite sera la seule âme véritable ; les autres ne seront que des superfétations inutiles. C'est l'argument qu'Aristote oppose aux philosophes qui croient à la pluralité des âmes, de quelques noms qu'ils les appellent, âmes nutritives ou sensitives, concupiscentes ou irascibles.

Si l'âme est multiple, c'est-à-dire si elle a plusieurs parties qui sont des âmes distinctes, il faut bien supposer un principe commun qui les contienne et les unisse. « Quel sera ce lien

(1) Cf. Greg. Nyss. de Opif. Homin., c. VIII, p. 145, C. D.

d'unité? Ce ne sera pas le corps, car le corps est soumis à l'âme et contenu dans l'âme, et il se corrompt lorsque l'âme l'abandonne. Quel que soit le principe qui unisse les âmes, s'il y en a un, ce principe sera l'âme véritable: car il faudra se demander, par rapport à ce principe, s'il est lui-même composé de plusieurs âmes, ou s'il est simple et unique. S'il est simple et unique, il est l'âme véritable; on ne doit pas en chercher une autre. S'il est composé de plusieurs âmes, nous tombons dans une série infinie de questions semblables; nous sommes conduits à une hypothèse absurde (1). »

Cette preuve repose sur la conscience même que l'âme a de son unité. L'âme comprend qu'elle est toujours une, toujours identique à elle-même, car tout est dirigé par son action, tout lui revient comme à la source première. Elle voit par les yeux, elle entend par les oreilles, elle éprouve du plaisir ou de la douleur par les différents organes du corps; il lui appartient de connaître, de vouloir, de commander et d'obéir; elle le sent, elle en a conscience. Comment serait-elle multiple et composée de plusieurs substances? Cette raison fondamentale de l'unité de l'âme n'a pas échappé à saint Grégoire.

« Nous n'avons, dit-il, qu'une seule force, bien que nos rapports avec les choses sensibles soient extrêmement variés. Cette force unique, c'est notre âme. Notre âme agit par chacun de nos sens, et elle contracte ainsi des relations avec les différents êtres. C'est elle qui voit par les yeux tout ce qui s'offre à notre vue, et qui entend par les oreilles tout ce qui se dit. Elle recherche ce qui lui plaît, elle fuit ce qui lui déplaît; elle se sert de la main, comme d'un instrument, pour attirer ou éloigner les objets, selon son bon plaisir (2). » Les faits une fois constatés par le témoignage infaillible de la conscience, la conclusion se présente d'elle-même. — Le même principe régit

(1) Aristot. de Anim., L. I, c. IX, n. 4.

(2) Greg. Nyss. de Opif. Homin., c. VI, p. 137, D.; 140, A. B. C.

tous nos actes ; il préside à nos opérations les plus intimes, comme à nos opérations corporelles et visibles ; l'unité de l'âme est donc une vérité incontestable et démontrée par l'expérience.

Saint Grégoire ne s'arrête pas à cette conclusion. L'unité de l'âme reconnue, il s'en sert aussitôt pour s'élever jusqu'à l'unité de Dieu. « Eh quoi ! s'écrie-t-il, malgré la différence et la variété des organes destinés à l'exercice de la sensibilité, le principe qui meut le corps humain et se sert à son gré de ses diverses parties est toujours un et toujours identique ; et lorsqu'il s'agit de Dieu, on voudrait que la multiplicité de ses opérations détruisît l'unité de sa substance !... L'image de Dieu est une, comment l'archétype de l'image ne serait-il pas un (1)? » Ainsi l'âme reconnaît l'unité de sa substance, malgré la variété, ou plutôt par la variété même de ses opérations ; et la vue de son unité lui fait comprendre l'unité de la nature divine dont elle est l'image.

La diversité des opérations psychologiques ne prouve donc pas que nous avons plusieurs âmes ; elle prouve seulement que notre âme est douée d'énergies différentes. Saint Grégoire en distingue trois principales : l'énergie nutritive, l'énergie sensitive et l'énergie raisonnable.

« Les êtres existants, dit-il, sont corporels ou incorporels. Les êtres corporels sont animés ou inanimés. J'appelle êtres animés ceux qui sont doués d'une énergie vitale. Parmi les êtres animés, les uns ont la sensibilité, les autres ne l'ont pas. Parmi ceux qui ont la sensibilité, les uns sont doués de la raison, les autres en sont privés. Aucune force vitale ne peut avoir la sensibilité, si elle n'est unie à la matière ; nulle force vitale ne peut être unie à la matière, sans avoir la sensibilité. L'homme fut créé après tous les autres êtres, selon le récit biblique, parce qu'il possède et résume tous les degrés de vie,

(1) Greg. Nyss. de Opif. Homin., c. VI, p. 140, B. D.

et la force vitale que l'on remarque dans les plantes, et la force vitale qui se trouve dans les animaux privés de raison. Il tient de la force vitale que l'on aperçoit dans les plantes, de se nourrir et de croître; car on voit les plantes attirer la nourriture par leurs racines, et produire de la sorte des feuilles et des fruits. Il tient de la force vitale des animaux de se gouverner par les sens. Mais ce qui est vraiment à lui, ce qui constitue sa nature, c'est de connaître et de raisonner..... Les désirs, les craintes, tous les mouvements qui nous agitent en sens contraire, proviennent de l'union de l'âme et de la matière. La seule faculté de connaître et de raisonner ne vient pas de cette union; elle est la partie principale de notre vie : c'est elle qui porte l'image de Dieu (1). »

Nous allons suivre saint Grégoire dans l'étude de ces trois énergies de l'âme. Nous commencerons par l'énergie intelligente et raisonnable, parce que la raison est la partie principale de l'âme, « celle qui constitue son essence et lui imprime les traits de la Divinité (2). »

§ II.

FACULTÉS DE L'AME.

I. — LE RAISONNABLE, τὸ λογικόν.

Saint Grégoire donne différents noms à la partie principale et divine de l'âme. Il l'appelle une puissance intelligente, νοερὰ

(1) Greg. Nyss. de Anim. et Resur., p. 60, B. D.

(2) Ibidem, p. 60, D. — Idem, de Opif. Homin., c. XV, p. 177, A.

δύναμις (1) ; une énergie dont la nature est spirituelle, νοητὴ δύναμις (2) ; la raison, le raisonnable, ὁ λόγος (3), τὸ λογικόν (4) ; une force qui raisonne et qui discerne, λογικὴ καὶ διανοητικὴ δύναμις (5) ; la faculté directrice, τὸ ἡγεμονικόν (6).

Toutes ces dénominations font assez connaître les prérogatives de la partie raisonnable. C'est elle qui reçoit la lumière de la vérité, et qui discerne les objets par son intelligence. La personnalité et les droits du commandement lui appartiennent ; elle a conscience de les posséder ; elle en use à son gré, pour le gouvernement de l'homme tout entier, au dedans et au dehors.

Saint Grégoire attribue deux sortes d'opérations à la partie supérieure de l'âme : des opérations dont le terme est le discernement et la connaissance, des opérations qui se traduisent tantôt par des aspirations d'amour et de complaisance, tantôt par des répulsions haineuses. Ces deux sortes d'opérations supposent aussi deux puissances dans la partie raisonnable de l'âme. La psychologie appelle l'une *entendement*, et l'autre *volonté*. L'âme connaît par l'entendement ; par la volonté, elle se meut elle-même de mouvements divers, selon les lumières de son intelligence.

Saint Grégoire partage l'entendement en deux facultés, qui diffèrent par les objets sur lesquels s'exerce l'énergie contemplative, et par la manière dont les connaissances lui sont transmises. L'une s'exerce par rapport à l'être incorporel et purement intelligible : c'est l'entendement supérieur, l'intelli-

(1) De Opif. Homin., c. XII, p. 164, C.

(2) De Anim. et Resur., p. 32, A.

(3) De Anim. et Resur., p. 61, B.

(4) De Opif. Homin., c. XIX, p. 238, B. C. — De Anim. et Resur., p. 60, C.

(5) De Anim. et Resur., p. 60, C. D.

(6) De Opif. Homin., c. XII, p. 156, B.

gence proprement dite. L'autre connaît les objets corporels : c'est la partie inférieure, ce que nous appelons la perception externe. L'intelligence proprement dite connaît les choses intelligibles sans le concours des sens ; la perception externe connaît les existences corporelles par le moyen des sens.

« Parmi les choses qui sont, dit saint Grégoire, les unes sont matérielles et tombent sous la perception des sens ; les autres sont immatérielles et ne tombent que sous l'intelligence : τῶν ὄντων, τὸ μέν ἐστιν ὑλικόν τε καὶ αἰσθητόν· τὸ δὲ νοητόν τε καὶ ἄϋλον (1). » Par la partie supérieure de l'entendement, nous ressemblons à Dieu et nous arrivons à la connaissance de Dieu : τὸ θεωρητικόν τε καὶ διακριτικὸν ἴδιόν ἐστιν τοῦ θεοειδοῦς τῆς ψυχῆς, ἐπεὶ καὶ τὸ θεῖον ἐν τούτοις καταλαμβάνομεν (2).

C'est aussi par cette énergie plus spécialement contemplatrice que l'âme parvient à connaître ce qui est vraiment, c'est-à-dire la vérité elle-même, et non pas les apparences trompeuses de la vérité. « L'erreur est une vaine imagination, qui prend ce qui n'est pas, pour quelque chose ; la vérité, au contraire, est la ferme *intellection* de ce qui est. Ψεῦδός ἐστι φαντασία τις περὶ τὸ μὴ ὂν ἐγγιγνομένη ἐν τῇ διανοίᾳ, ὡς ὑφεστῶτος τοῦ μὴ ὑπάρχοντος· ἀλήθεια δὲ ἡ τοῦ ὄντος ἀσφαλὴς κατανόησις (3). »

La seconde énergie de l'entendement s'exerce sur le monde visible par le moyen des sens. Saint Grégoire compare les cinq sens à autant de voies différentes, par lesquelles une foule de notions arrivent à l'âme, comme des voyageurs à une cité, sans se heurter ni se confondre (4). Rien de plus varié que la manière dont la perception externe acquiert ses connaissances. Tantôt plusieurs sens concourent à nous donner une seule et

(1) In Eccle. Homil., VI, p. 697, A. B.
(2) De Anim. et Resur., p. 90, A. B.
(3) De Vita Moys., p. 333, A. B.
(4) Cf. de Opif. Homin., c. X, p. 152, B. C. D.

même notion ; tantôt le même sens nous apporte seul plusieurs notions différentes.

« La même connaissance, dit saint Grégoire, peut s'insinuer dans l'entendement par plusieurs sens à la fois, par le goût, par l'odorat, par l'ouïe, souvent même par le tact et la vue tout à la fois. Ainsi, on peut regarder un rayon de miel, en entendre prononcer le nom, le goûter, respirer son parfum par l'odorat, l'examiner par le tact : chacun de nos sens nous fera connaître la même chose, τὸ αὐτὸ πρᾶγμα. Nous pouvons aussi connaître des choses distinctes par un seul et même sens. L'ouïe distingue toute la variété des sons. La perception qui se fait par les yeux s'exerce sur les objets les plus différents : elle discerne le blanc, le noir, toutes les nuances des couleurs. Ainsi le goût, ainsi l'odorat, ainsi le sens du toucher ; chaque sens nous apporte, par sa perception propre, son genre spécial de connaissances (1). »

L'entendement travaille sur les notions acquises par ses deux facultés, et il parvient ainsi à connaître les sciences, que saint Grégoire appelle la nourriture de l'âme : Τὰ δὲ μαθήματα τῆς ψυχῆς βρώματά τις εἴπων εἶναι, τοῦ εἰκότος οὐχ ἁμαρτήσεται.

Il acquiert la science des choses divines au moyen des notions recueillies par la faculté supérieure ; avec les notions transmises à l'intelligence par la perception externe, il acquiert la science de la nature, qu'il fait servir au développement des arts. L'entendement peut donc tirer parti des sens corporels, pour connaître la vérité et posséder la science. Mais il doit se garder de leur donner une confiance trop grande, et de recevoir leur témoignage sans examen. S'il juge des objets seulement par les impressions qu'ils produisent sur les sens, il prendra souvent les apparences pour les réalités, et sera le jouet de perpétuelles erreurs. Dans l'ordre physique, il donnera des dimensions très-étroites au soleil, dont la grandeur surpasse bien des fois celle

(1) De Opif. Homin., c. X, p. 155, B. C.

de la terre; il croira que la lune brille d'un éclat qui lui est propre, quoiqu'elle reçoive sa lumière des rayons du soleil (1). Dans un ordre de choses plus élevé, il prendra la partie corporelle de l'homme pour la partie principale, le beau apparent pour le beau réel, les faux biens pour les biens véritables.

« Ceux qui considèrent les choses superficiellement et sans réflexion, regardent-ils un homme, un objet quelconque, ils ne font attention qu'à ce qui frappe les yeux. Ils croient avoir compris toute la raison de l'homme en voyant la masse de son corps. Pour celui dont l'esprit est éclairé et cultivé par la science, il ne se contente pas d'appliquer ses yeux à explorer la nature des êtres, il ne s'arrête pas aux premières apparences; et parce qu'une chose échappe à la perception sensible, il ne se hâte pas de la ranger parmi ce qui n'est pas. Il examine la nature de l'âme avec soin; il discerne les qualités propres au corps; il les considère dans leur ensemble, et séparées les unes des autres : car tantôt il les divise par la pensée, et tantôt il les réunit de nouveau, pour s'expliquer comment leur concours constitue la substance corporelle. La même chose a lieu dans la recherche du beau. Celui dont l'intelligence n'est pas exercée, voit-il quelque objet qui a l'apparence du beau, il s'imagine tout de suite avoir rencontré le beau véritable, parce que sa sensibilité a éprouvé les impressions du plaisir : il ne cherche rien au-delà. Mais celui qui a purifié l'œil de son âme, et qui s'est rendu capable de discernement, celui-là laisse la matière qui a l'apparence du beau; il se sert de ce qu'il voit, comme d'un marche-pied, pour s'élever à la contemplation du beau intellectuel, dont la participation seule peut communiquer la beauté (2). »

La partie supérieure de l'entendement doit donc surveiller les opérations de la partie inférieure, examiner ses premières

(1) Cf. de Anim. et Resur., p. 32, B. C. D.

(2) De Virginit., c. XI, p. 364, B. C.

appréciations et corriger au besoin les jugements trompeurs que les sens l'excitent à prononcer.

La volonté a deux mouvements opposés, un mouvement de complaisance et d'amour, un mouvement de haine et de répulsion. « L'amour est l'action naturelle de l'âme qui se porte, avec plaisir et affection, vers ce qui lui plaît. La haine est l'aversion pour ce qui est désagréable, et l'éloignement de ce qui cause de la peine (1). » La volonté possède l'insigne privilége de pouvoir dominer ses mouvements, de les tenir en bride et de les diriger selon les lumières de sa raison. « L'âme doit donc examiner avec soin, continue saint Grégoire, ce qui est réellement aimable, et ce qui est digne de haine par sa nature, afin qu'usant à propos de sa volonté, elle s'éloigne du mal en le haïssant, et devienne participante de la nature du bien par la complaisance et l'amour (2). »

Le privilége d'une volonté libre est le plus précieux qui nous ait été accordé : la vertu ne nous serait pas accessible, si l'âme n'était maîtresse de ses déterminations. « Entre tous les biens que Dieu nous a accordés, il nous a affranchis des liens de la nécessité; il nous a délivrés du joug de toute puissance physique : nous sommes maîtres de notre volonté, et nous nous déterminons selon notre bon plaisir. C'est ainsi que la vertu nous est possible; car la vertu veut être spontanée et exempte de joug : elle repousse tout ce qui vient de la contrainte et de la force (3). »

Saint Grégoire parle de la liberté et de son prix inestimable, en termes plus magnifiques encore, dans son discours catéchistique : « Celui qui a le souverain domaine de l'univers a voulu, par un excès de respect pour l'homme, lui laisser une chose en sa pleine possession : une chose dont chacun fût le seul maître.

(1) In Eccle. Homil., VIII, p. 733, B. C.
(2) Ibidem, C. D.
(3) De Opif. Homin., c. XVI, p. 184, C.

Cette chose, c'est une volonté exempte de tout esclavage, une volonté maîtresse d'elle-même et de ses déterminations dans la liberté de sa pensée (1). » Tel est le prix de la liberté, tel est le respect dont Dieu l'entoure, qu'il ne consent pas à en dépouiller l'homme, même pour l'arracher au mal et le conduire à la foi. Et pourquoi ce respect? Parce que ravir à l'homme le privilége de sa liberté, ce serait lui ravir la possibilité d'être vertueux, ce serait lui ôter l'intelligence elle-même.

« On dit, continue saint Grégoire, que Dieu pourrait contraindre ceux qui résistent à embrasser la foi. Mais que deviendrait le libre arbitre de ceux qui subiraient une telle contrainte? Où serait le mérite de la vertu? Il n'y a que les brutes et les êtres inanimés qui soient menés de force par une volonté étrangère. Pour une nature intelligente et raisonnable, lui enlever sa liberté serait lui enlever la faveur même de l'intelligence. Que lui servira l'intelligence, si la liberté de ses déterminations lui est ravie, et passe sous un domaine étranger? Si la liberté reste inerte, la vertu disparaît forcément; elle est enchaînée par l'immobilité de la volonté. La vertu disparaissant, la vie reste sans honneur; la raison est soumise à la fatalité, le mal n'a plus de frein, la vie plus de règle (2). »

Il est difficile de mieux exprimer l'importance et la dignité de cette sublime faculté qui est en nous, et que nous appelons la volonté libre. Dieu l'a donnée à l'homme, par un excès de respect pour lui : « Δι' ὑπερβολὴν τῆς εἰς τὸν ἄνθρωπον τιμῆς· » il la regarde comme une chose inviolable, un droit imprescriptible, une propriété sacrée : « Οὗ μόνος ἕκαστός ἐστι κύριος (3). » Elle est le fondement de toute vertu : l'intelligence même ne se conçoit pas si l'être qui est intelligent ne jouit pas en même temps de la liberté. « La nature intel-

(1) Orat. Catechet., c. XXX, p. 77, A. B.
(2) Ibidem, c. XXXI, C. D.
(3) Ibidem, c. XXX. A. B.

ligente et raisonnable perd la grâce de l'intelligence si elle cesse d'être libre (1). »

L'intelligence appelle la liberté. A plus forte raison, la liberté suppose-t-elle l'intelligence; car la volonté n'est pas une force aveugle : il lui faut la lumière de l'entendement pour se conduire. Ce n'est qu'après avoir consulté la raison, et s'être éclairée de ses conseils, qu'elle use de son magnifique privilége, qu'elle se détermine librement, et qu'elle agit en déployant à son gré les aspirations et les complaisances de l'amour, ou les répulsions de la haine.

Cette influence de la raison sur les actes de la volonté, met les mouvements d'amour ou de haine, qui se passent dans la partie supérieure de l'âme, infiniment au-dessus des mouvements analogues qui se passent dans la partie inférieure. Les premiers sont réfléchis et délibérés ; ils portent le caractère des actes de Dieu. Les seconds sont aveugles, et naissent des impressions de la sensibilité ; ils ont le caractère des instincts de la brute. Selon une belle comparaison de saint Grégoire, l'homme est une statue dont la tête a deux visages : l'un, qui représente la partie raisonnable de l'âme, resplendit de l'image de la Divinité ; l'autre, qui est l'âme livrée aux impétuosités des affections sensitives, porte les traits et la ressemblance de l'animal :

« Δοκεῖ διπλῆν φέρειν ὁ ἄνθρωπος πρὸς τὰ ἐναντία τὴν ὁμοιότητα· τῷ μὲν θεοειδεῖ τῆς διανοίας πρὸς τὸ θεῖον κάλλος μεμορφωμένος, ταῖς δὲ κατὰ πάθος ἐγγινομέναις ὁρμαῖς πρὸς τὸ κτηνῶδες φέρων τὴν οἰκειότητα (2)

(1) Orat. Catechet., c. XXXI, p. 77, E.

(2) De Opif. Homin., c. XVIII, p. 192, D.

II. — LA SENSIBILITÉ, τὸ αἰσθητικόν.

L'âme éprouve une infinie variété d'impressions par le moyen des cinq sens. Les yeux lui font discerner les couleurs, le mouvement et les formes des objets ; elle perçoit les sons par les oreilles ; les odeurs par les narines ; les saveurs par la langue et le palais ; le dur, le mou, le froid, le chaud, et une foule d'autres impressions semblables, par le sens du toucher qui est répandu dans tout le corps. Les philosophes appellent sensations les impressions perçues par le moyen des cinq sens ; sensibilité, la faculté que possède l'âme de les éprouver. Il ne faut pas confondre la sensation avec la perception externe. La perception externe apporte la connaissance et la lumière à l'âme ; la sensation ne lui fait éprouver qu'une commotion plus ou moins vive, ordinairement accompagnée de plaisir ou de douleur. La sensation précède et prépare la perception externe ; la perception externe use de la sensation au profit de l'entendement. L'une appartient à la partie inférieure de l'âme, l'autre dépend tout à la fois de la partie inférieure et de la partie raisonnable.

Saint Grégoire ne s'arrête pas aux sensations ; il s'occupe surtout des mouvements qu'elles provoquent dans l'âme. Ces mouvements sont extrêmement variés : ils sont traduits par les désirs, les craintes, l'affection, la haine, l'irritation et mille autres passions semblables, selon la nature des impressions éprouvées par la sensibilité. Saint Grégoire les partage en deux genres et les rapporte tous à deux principes : le concupiscible et l'irascible : τὸ ἐπιθυμητικὸν, καὶ τὸ θυμοειδές. « Il y a beaucoup de choses, dit-il, qui naissent du concupiscible, et beaucoup d'autres choses dont l'irascible est le principe (1). »

(1) De Anim. et Resur., p. 49, A. B.

Que faut-il entendre par ces deux énergies qui se partagent la sensibilité? Qu'est-ce que l'énergie de la concupiscence? Qu'est-ce que l'énergie de la colère? La concupiscence est-elle ce mouvement instinctif par lequel l'âme désire et cherche à posséder les objets sensibles qui ont produit une impression agréable sur quelques-uns de ses sens? Faut-il confondre la colère avec le mouvement de répulsion que l'âme éprouve pour tout ce qui blesse la sensibilité? Le concupiscible et l'irascible formeraient ainsi la partie inférieure de la volonté: ils seraient l'amour et la haine, ne s'exerçant plus à la lumière de la raison, mais obéissant aux impressions du plaisir et de la douleur.

Saint Thomas attribue l'amour et la haine au concupiscible: c'est la même énergie qui exécute les deux mouvements instinctifs d'attraction et de répulsion. L'irascible est une énergie plus violente, par laquelle l'âme combat les obstacles qui s'opposent à son bonheur, ou résiste aux périls qui le menacent. Il a toujours des difficultés à vaincre; son rôle est essentiellement militant; il peut lutter pour le triomphe de la raison, comme il peut combattre au profit de la concupiscence. « La sensibilité a deux parties. Par l'une, l'âme est excitée à chercher ce qui flatte les sens, et à fuir ce qui les blesse: on l'appelle concupiscible. Par l'autre, l'âme résiste aux choses qui sont opposées à son bien, et qui lui causeraient quelque dommage: on l'appelle irascible. On dit que son objet est difficile, parce qu'il tend à résister aux difficultés et à surmonter les obstacles... La haine appartient au concupiscible; elle peut aussi appartenir à l'irascible, à raison de la lutte qu'elle provoque (1). »

L'opinion exprimée par saint Thomas sur le concupiscible et l'irascible est empruntée à la philosophie platonicienne. L'énergie de l'irascible, qu'on la regarde comme une simple faculté de l'âme, ou qu'on en fasse un troisième principe, distinct de l'âme concupiscente et de l'âme raisonnable, est la partie militante de

(1) S. Thom. Sum. Theol., 1ᵃ p., q. 81, art. II.

l'homme intérieur, dans la pensée de Platon. C'est un courageux auxiliaire qui devrait toujours être au service de la raison, pour lutter contre les appétits de la concupiscence. « Il y a un troisième principe dans l'âme, dit Platon ; on l'appelle irascible ; il doit être l'auxiliaire de la raison, à moins qu'il ne soit perverti par la mauvaise éducation. Il ne faut pas le confondre avec le concupiscible ; il doit plutôt fournir des armes à la raison, lorsqu'elle est en lutte avec la concupiscence... Il diffère aussi de la raison, car il se manifeste chez les petits enfants, dont la plupart n'ont pas encore la raison, et plusieurs même ne l'auront jamais... C'est à la partie raisonnable qu'il appartient de commander, puisqu'elle est sage et qu'elle a le gouvernement de l'âme ; il appartient à l'irascible d'obéir à la raison et de lui porter secours (1). »

Selon Bossuet, les anciens attribuaient l'amour et la haine au concupiscible; ils faisaient de l'irascible une énergie plus violente, dont le rôle est de lutter contre les obstacles. « Les anciens, dit-il, appellent appétit concupiscible celui où domine le désir ou la concupiscence, et irascible celui où domine la colère. Cet appétit a toujours quelque difficulté à surmonter, quelque effort à faire, et c'est ce qui émeut la colère. L'appétit irascible serait peut-être appelé plus convenablement courageux. Les Grecs, qui ont fait les premiers cette distinction d'appétits, expriment par un même mot la colère et le courage; et il est naturel de nommer appétit courageux celui qui doit surmonter les difficultés (2). »

Bossuet a suivi l'opinion des anciens, lorsqu'il a voulu caractériser les divers mouvements de la sensibilité que nous appelons passions. Il attribue au concupiscible l'amour et la haine, le désir et l'aversion, la joie et la tristesse, parce que « tous ces mouvements n'ont besoin, pour être excités, que de la pré-

(1) Platon, Repub., L. IV. p. 441.
(2) Connaissance de Dieu et de soi-même, c. 1, VI.

sence ou de l'absence de leurs objets. » Il attribue l'audace, la crainte, l'espérance, le désespoir et la colère à l'irascible, parce que ces mouvements « ajoutent la difficulté à l'absence ou à la présence de l'objet (1). »

Comment saint Grégoire a-t-il entendu le concupiscible et l'irascible ? Voici l'explication qu'il donne de ces deux énergies de la sensibilité dans son Épître Canonique :

« Le mouvement du concupiscible est bien dirigé lorsqu'il se porte vers ce qui est vraiment désirable et ce qui est vraiment beau, lorsque nous déployons l'énergie de l'amour, qui est en nous, d'après une intime conviction qu'il n'y a d'aimable que la vertu et les choses sensibles qui inspirent la vertu. Le concupiscible est dans l'égarement et le désordre, lorsqu'on applique la concupiscence au vain désir des choses fragiles, ou à la fleur qui parfume les objets corporels. De là naissent l'amour des richesses, le désir de la vaine gloire, de la volupté et de toutes les autres choses qui dépendent de ce genre de vice.

» L'irascible a une bonne direction, lorsqu'il produit la haine du mal et la guerre contre les passions ; lorsqu'il porte l'âme à la vigueur, l'empêche de redouter ce que la multitude regarde comme redoutable, et la prépare à résister jusqu'au sang ; enfin, lorsqu'il lui fait mépriser les menaces de la mort et la rigueur des supplices, combattre pour la foi et la vertu, vaincre la jouissance et tout ce qui a coutume d'enchaîner les hommes au plaisir. Les égarements de l'irascible sont évidemment l'envie, la haine, la colère, les injures, les disputes, les querelles, les dispositions à la vengeance qui font conserver longtemps le souvenir des injures et poussent au meurtre et au carnage (2). »

Il est évident que saint Grégoire regarde l'irascible comme une force plus violente que le concupiscible. C'est bien l'appétit courageux : « Il lutte pour la foi et la vertu, il méprise les

(1) Bossuet, Connaiss. de Dieu et de soi-même, c. I, VI.

(2) Greg. Nyss. Epist. Canon., I. 2. p. 224, C. D.; p. 225. A. B.

menaces de la mort et la rigueur des supplices (1). — Si la colère nous était enlevée, dit-il ailleurs, comment combattrions-nous nos ennemis (2) ? » Mais saint Grégoire ne se contente pas d'en faire une faculté auxiliaire et purement militante. L'irascible a ses opérations propres et tout-à-fait distinctes du concupiscible. Le concupiscible est toujours un mouvement d'affection et de désir : « De lui naissent l'amour des richesses, le désir de la vaine gloire, de la volupté et de toutes les autres choses semblables. Lorsqu'il est bien dirigé, il aime la vertu et les choses sensibles qui inspirent la vertu (3). » La haine n'est jamais son objet immédiat et direct : c'est à l'irascible que saint Grégoire semble la rapporter, comme à son principe naturel. « La colère, dit-il, est un effort pour nuire à ceux qui nous blessent (4). Lorsque l'irascible n'est pas dirigé par la raison, ses fruits sont la haine, la colère, les injures, les disputes, les querelles, les dispositions à la vengeance qui font conserver longtemps le souvenir des injures, et poussent au meurtre et au carnage (5). » L'irascible a quelque chose de plus impétueux que le concupiscible ; il se révèle ordinairement par la lutte et la violence ; mais son premier moteur est toujours la haine et l'aversion de ce qui déplaît, comme ce qui flatte la sensibilité est le premier moteur du concupiscible.

Je sais qu'il ne faut pas être exclusif lorsqu'il s'agit de la signification des mots. Au lieu d'attribuer la haine à l'irascible, on peut l'attribuer au concupiscible, et rapporter à la même énergie le double mouvement d'amour et de haine, par lequel l'âme recherche le plaisir et déteste les objets qui lui causent de la douleur. On peut restreindre le rôle de l'irascible à lutter

(1) Greg. Nyss. Epist. Canon., 1, 2, p. 225, A. B.
(2) De Anim. et Resur., p. 65, B.
(3) Epist. Canon., 1, 2, p. 225, A. B.
(4) De Anim. et Resur., p. 56, A.
(5) Epist. Canon., 1, 2, p. 225, B.

contre les obstacles qui empêchent la jouissance ou qui menacent de la troubler; il suffit pour cela de faire plus d'attention à la violence des mouvements qu'à leur nature et à la cause qui les provoque. L'irascible n'est plus alors une énergie qui s'exerce sous une influence contraire au principe moteur du concupiscible, c'est le concupiscible lui-même développé jusqu'à la violence. Il faut cependant convenir que l'amour et la haine sont les deux mouvements naturels de la partie inférieure comme de la partie supérieure de l'âme, de l'appétit sensitif comme de la volonté libre. L'appétit sensitif désire la jouissance et cherche à posséder les objets qui produisent des impressions agréables sur la sensibilité; il fuit et repousse ceux qui l'affectent d'une manière douloureuse. La volonté libre se porte vers les objets que la raison lui montre utiles ou honnêtes, et repousse ceux qu'elle croit honteux ou nuisibles. Il y a toujours mouvement d'attraction ou de répulsion à la partie supérieure et raisonnable de l'âme, comme à sa partie inférieure, et soumise à l'empire des sens.

Certains mouvements sont difficiles à bien caractériser; ce sont des mouvements complexes, auxquels prennent part la partie raisonnable et la partie sensitive de l'âme; des nuances où l'amour et la haine, la concupiscence et l'aversion se heurtent, se confondent, se combattent ou se prêtent un mutuel appui. Le mouvement d'attraction de la volonté libre porte le nom d'amour; son mouvement de répulsion, celui de haine. Nous appellerions volontiers, avec saint Grégoire, le mouvement attractif de la sensibilité *énergie concupiscible,* parce qu'il se révèle toujours par quelque désir; et son mouvement de répulsion, *irascible,* parce que la douleur, qui est son principe et sa cause, pousse naturellement à l'irritation. « L'irascible est un effort pour nuire à ceux qui nous blessent (1). » Ses actes sont plus impétueux, plus énergiques, plus violents, parce

(1) De Anim. et Resur., p. 56, A. B.

que les impressions douloureuses ébranlent plus profondément la sensibilité, et provoquent, par cela même, des commotions plus grandes que les impressions du plaisir.

Les mouvements du concupiscible et de l'irascible tiennent à notre naissance par la génération animale (1). Ils sont communs à l'homme et à la brute (2). Le concupiscible a ses désirs impétueux, comme l'irascible ses aversions pleines de violence. Quelquefois les appétits qui suivent le plaisir ont une telle force que l'âme paraît entraînée, par un attrait irrésistible, vers ce qui a flatté ses sens. Les impressions pénibles provoquent fréquemment des secousses si violentes que l'âme exaspérée se révolte, comme malgré elle, contre les objets qui ont blessé la sensibilité.

On appelle *passions* tous ces mouvements impétueux et dominateurs, qui emportent l'âme au gré des impressions sensibles. Toutes les passions peuvent être ramenées à l'amour ou à la haine, au concupiscible ou à l'irascible ; mais leurs nuances sont infinies. « Il y a plus de passions, dit Malebranche, que de termes qui les expriment (3). »

Les passions demandent à jouir des choses agréables ; elles cherchent à fuir la douleur. Mais ce qui est douloureux à la sensibilité est souvent ordonné par le devoir, et ce qui est agréable apporte souvent des obstacles à la vertu. Aussi les passions sont-elles ordinairement des instruments de vice et des occasions de péché. Quelque brusques et violentes qu'elles soient, elles ne font pas nécessairement la loi à l'âme ; l'âme peut rester maîtresse de sa liberté et ne pas céder aux entraînements qui la provoquent. Elle a, pour apprécier la valeur des objets qui sollicitent son amour ou sa haine, des lumières plus pures et moins trompeuses que les impressions de la sensibilité :

(1) De Opif. Homin., c. XVIII, p. 192, C. D.
(2) De Anim. et Resur., p. 60, D. ; 61, A.
(3) Recherche de la Vérité, c. X.

ce sont celles de son intelligence. La raison discerne ce qui est convenable, utile et honnête : ses jugements sont un contrepoids aux excitations du plaisir et de la douleur. La liberté reste maîtresse de choisir entre les décisions de la raison et les aveugles exigences de la sensibilité. Le choix ne se fait pas sans lutte et sans déchirement intérieur, parce que les affections les plus opposées partagent l'âme tout entière, se heurtent et se disputent la victoire. C'est là le mystère des difficultés de la vertu, et la cause pour laquelle la vie de l'homme est un combat sur la terre.

Le génie de Platon a représenté ces luttes intérieures sous l'image d'un char attelé de deux coursiers. « L'un est beau et bien fait, ses membres sont vigoureux, il porte la tête haute, il a le poil blanc, les yeux noirs;.... il aime la vraie gloire et se laisse facilement conduire (1). » Il représente les bons instincts de la sensibilité, obéissant aux lumières de la raison. L'autre représente les mouvements déréglés de la concupiscence. « Il a les membres tortueux, le front aplati, le poil noir, l'œil épais et rempli de sang ; il est sauvage, indocile, rebelle au fouet et à l'aiguillon (2). » Rencontre-t-il l'apparence du beau, éprouve-t-il les premières atteintes de la volupté, il se cabre, s'agite avec violence et essaie de se précipiter vers l'objet dont la vue lui cause du plaisir. Vainement l'autre coursier, plus docile à la voix de son guide, résiste et refuse de suivre ce mouvement impétueux. Le char est violemment secoué ; ce n'est que par une extrême vigueur et les plus grands efforts, que le cocher parvient enfin à réprimer l'ardeur de son fougueux coursier (3). Ainsi la liberté humaine est obligée d'employer la lutte et la violence pour résister aux entraînements des passions. Si, abdiquant ses droits, elle cède aux impétuosités des sens, les

(1) Platon, Phèdre, c. XXXIV, p. 253, D.

(2) Ibidem.

(3) Cf. Platon, Phèdre, c. XXXV.

passions deviennent des instruments de péché ; elles se rendent maîtresses de l'âme et la précipitent d'abîme en abîme. Elles deviennent au contraire des instruments de vertu si l'âme parvient à les tenir en bride, si elle les dirige et met leur énergie naturelle au service de la raison.

« Les mouvements que nous appelons passions, dit saint Grégoire, deviennent des instruments de péché ou de vertu, selon le choix de la liberté. C'est le fer qui prend sous la main de l'ouvrier la forme qu'il lui plaît de lui donner. Il en fait à son gré une épée ou un instrument d'agriculture. Si la raison, qui est la partie principale de notre nature, domine les excitations qui nous viennent du dehors et commande aux animaux privés de raison, comme la Sainte Écriture nous l'ordonne en termes énigmatiques (1), aucune de nos passions ne sera une source de péché. La crainte nous rendra obéissants, la colère courageux, la timidité prudents, l'impétuosité de la concupiscence nous fera désirer les voluptés sans mélange, qui viennent de Dieu. Mais si la raison abandonne les rênes, si, comme un cocher embarrassé dans la conduite de son char, elle est renversée de son siége et se laisse emporter au mouvement aveugle de ses coursiers (2), ses appétits naturels deviennent semblables aux passions que l'on remarque dans les animaux.

« Chez les animaux, la raison ne commande point aux mouvements naturels de l'appétit. Aussi ceux chez lesquels domine l'irascible se déchirent en combattant les uns contre les autres. Les animaux les plus vigoureux ne tirent aucun parti de leur force pour eux-mêmes ; ils deviennent la propriété de l'homme. L'énergie de la concupiscence et le sentiment du plaisir ne les mènent jamais à de grandes choses ; ils ne font point servir leurs qualités à leur propre avantage. Il en est ainsi de nous. Si les

(1) Cf. In Verba : Faciamus Homin. ad Imagin. Orat. 1, p. 264, 265.

(2) Cf. Platon, Phèdre, c. XXXV.

passions ne sont pas asservies au devoir, si elles arrivent à prendre l'empire sur la partie intelligente, l'homme se ravale à la condition des bêtes; il perd son caractère intelligent et divin pour prendre celui de la brute et des êtres privés de raison (1). »

« Tous les mouvements qui se trouvent en nous, dit encore saint Grégoire, l'auteur de notre nature nous les a donnés pour le bien. Ils deviennent des sources de péché si nous n'avons pas soin de leur imprimer une bonne direction. Notre liberté est assurément un don précieux; elle devient le plus grand de tous les maux si elle déploie son énergie pour le mal.

» L'aversion que nous ressentons pour les choses désagréables, et que nous appelons la haine, est un instrument de justice lorsque nous l'appliquons à détester ce qui est contraire à la vertu; elle devient une arme de péché, lorsque nous l'employons à résister au bien. Toute création de Dieu est bonne; il faut bénir Dieu de toute chose, et ne rien rejeter de ce qu'il a mis en nous. C'est le mauvais usage qui a transformé le don de Dieu en passion. L'abus nous éloigne de la charité et nous fait mettre le mal à la place de Dieu : nos passions sont ainsi déifiées, ὥστε τοῖς τοιούτοις θεοποιεῖσθαι τὰ πάθη, car nous faisons notre divinité des objets dont les attraits subjuguent et asservissent notre raison (2). »

III. — FACULTÉ NUTRITIVE, τὸ θρεπτικόν.

L'âme possède l'énergie nutritive que l'on remarque jusque dans les plantes. Ses fonctions sont de « communiquer la vie, de pourvoir à la nourriture du corps et de le développer (3). »

(1) De Anim. et Resur., p. 61, B. D.

(2) In Eccle. Homil., VIII, p. 741, D.; 744, A. B.

(3) S. Thom. Sum. Theol., 1ᵉ p., q. 78, art. II. — Cf. Aristot. de Anim., L. II, Text. 47, 48.

L'homme, dit saint Grégoire, tient de la force vitale des plantes de se nourrir et de croître : car on voit les plantes attirer la nourriture par leurs racines et produire ainsi des feuilles et des fruits (1). » La psychologie a peu de chose à dire des opérations nutritives. L'âme les exécute, sans avoir besoin de recourir à sa raison, d'une manière mystérieuse qui échappe à sa propre conscience. Elle devine par ses instincts la nourriture dont le corps a besoin ; elle la lui donne par le moyen des membres dont il est pourvu ; elle ne s'occupe ni de choisir les différents sucs qui conviennent aux divers éléments du corps, ni d'établir les proportions selon lesquelles il faut les distribuer à chaque partie. Dieu a voulu délivrer l'âme de ces calculs, afin qu'elle pût employer son activité à des occupations plus hautes et plus dignes de sa nature intelligente. Écoutons saint Grégoire décrire cette action cachée de la nature, ou plutôt de l'auteur de la nature, qui s'exerce dans les plantes et dans l'homme :

« Qu'on se représente un jardin dans lequel croissent beaucoup d'arbres d'espèces différentes, et une foule de plantes dont l'aspect, les qualités et les couleurs, offrent la plus grande variété. Placées dans le même lieu, toutes ces plantes reçoivent les mêmes eaux : c'est la même fraîcheur qui humecte leurs racines. Chacune cependant transforme les sucs nourriciers selon sa nature particulière. Les mêmes sucs sont changés en amertume dans l'absinthe et en poison mortel dans la ciguë. Ils ne manifestent point les mêmes propriétés dans le safran, le baume et le pavot : dans l'un, ils ont une vertu qui répand la chaleur ; dans l'autre une vertu qui refroidit ; dans le troisième une vertu qui produit un juste tempérament. Ils se changent en parfums dans le laurier, le jonc et autres plantes semblables ; en saveur exquise dans les fruits du poirier et du figuier. Ils donnent les raisins et le vin à la vigne, à la pomme sa saveur, à la rose son éclat, au lis sa blancheur, à la violette

(1) De Anim. et Resur., p. 60, B. C.

son azur, et son pourpre à l'hyacinthe. Toutes les plantes que nous voyons sortir du sein de la terre puisent à la même source la fraîcheur qui les fait reverdir : elles n'en offrent pas moins une variété infinie de forme, de figure et de qualités.

» La nature, ou plutôt le Seigneur de la nature, opère de semblables merveilles dans notre terre, qui est une terre vivante à cause de l'âme. Les os, les cartilages, les veines, les artères, les nerfs, les fibres, les jointures, les chairs, la peau, la graisse, les cheveux, les muscles, les ongles, les yeux, les narines, les oreilles et une infinité d'autres parties, reçoivent toutes, de la même nourriture, la vie qui leur est propre. La nourriture, s'unissant aux différentes parties dont elle s'approche, se transforme de mille manières, selon ce qui convient à chaque partie. Est-elle dirigée vers les yeux, elle s'unit aux parties visuelles, elle se distribue dans chacune des pellicules qui enveloppent l'œil, d'une manière différente selon leurs différentes espèces. Est-elle portée aux organes destinés à entendre, elle se mêle encore et revêt leur nature. Elle devient lèvres dans les lèvres, elle est dure dans les os, délicate et tendre dans la moëlle ; elle se resserre dans les nerfs et s'élargit pour former la surface du corps ; elle pénètre jusque dans les ongles ; elle s'amincit jusqu'à se transformer en exhalaisons propres à faire croître les cheveux (1). »

Ainsi l'âme fait vivre le corps et le développe, par le moyen de la nourriture, sans avoir conscience des prodiges qu'elle opère.

Bossuet et Fénelon n'ont rien dit de plus beau sur cette vitalité qui pénètre toutes les parties du corps humain, et leur communique la vie de l'âme (2). Du reste, saint Grégoire a suivi la marche de la plupart des philosophes : il ne fait pas une étude spéciale des fonctions de la faculté nutritive, il constate seu-

(1) De Opif. Homin., c. XXX, p. 252, B. C. D. ; 253, A.

(2) Cf. Bossuet, Conn. de Dieu et de soi-même, c. II ; — Fénelon, traité de l'Existence de Dieu, c. II ; description du corps humain.

lement leur existence, pour montrer que l'âme résume tous les degrés de vie répandus dans les différents êtres. L'énergie nutritive est inférieure à la force sensitive, et beaucoup moins parfaite que la faculté intellectuelle ; mais elle préside aux premiers commencements de l'homme : son action est antérieure à l'exercice de la sensibilité et au développement de l'intelligence. « C'est la racine de la plante cachée dans le sein de la terre, dont la faiblesse suffit pourtant à nourrir la plante (1). » La puissance sensitive se développe aussitôt après la force nutritive. « La plante se met à croître, et commence à montrer sa tige au soleil. Alors aussi commence à se montrer, comme une fleur, la grâce de la sensibilité (2). » L'énergie intelligente, qui est l'énergie principale, n'est que la troisième dans l'ordre de son développement et de sa manifestation. « La plante atteint enfin une grandeur convenable ; l'énergie intelligente brille alors comme un fruit, non point un fruit abondant, mais proportionné au développement du corps, dont les organes vont lui servir d'instruments et marquer ses progrès (3). »

Pour peu que l'on fasse attention aux diverses facultés que saint Grégoire attribue à l'âme et que nous venons d'énumérer, on reconnaîtra facilement la double influence de Platon et d'Aristote. Il a emprunté à Platon sa division de l'âme en trois parties : le raisonnable, le concupiscible et l'irascible. Cette classification lui paraît importante. Il la suit dans son Épître Canonique, lorsqu'il veut indiquer les maladies auxquelles l'âme est exposée, et les remèdes qu'elle doit employer pour les guérir. Dans son Commentaire sur les paroles de la Genèse : « *Faisons*

(1) De Opif. Homin., c. XXIX, p. 257, C. D.
(2) Ibidem, p. 257.
(3) Ibidem.

l'homme à notre image et à notre ressemblance, » il compare les trois principales opérations de Dieu aux trois parties de l'âme indiquées par les platoniciens : « Le concupiscible, dit-il, pousse à l'action, c'est Dieu créateur ; le raisonnable commande et gouverne, c'est Dieu providence ; l'irascible châtie, c'est Dieu vengeur des actions criminelles (1). »

Au chapitre troisième du second livre de son traité sur l'âme, Aristote distingue cinq facultés principales : une faculté nutritive, τὸ θρεπτικόν· — une faculté sensitive, τὸ αἰσθητικόν· — une faculté appétitive, τὸ ὀρεκτικόν· — une faculté motrice du corps, τὸ κινητικὸν κατὰ τὸν τόπον· — une faculté intellectuelle, τὸ διανοητικόν. Au chapitre treizième du troisième livre, il joint la faculté de l'appétit à celle de la sensibilité, et la faculté motrice à la partie du raisonnable qu'il appelle *volonté.* Il réduit ainsi toutes les facultés de l'âme à trois énergies principales : l'énergie nutritive, l'énergie sensitive et l'énergie raisonnable. Nous avons pu voir que saint Grégoire adopte aussi cette classification. On la trouve plusieurs fois exprimée dans le dialogue avec Macrine, et dans le traité de la Formation de l'Homme : il la croit fondée sur la nature même des choses, et il l'explique par la manière dont l'Écriture raconte l'œuvre de la création. Car selon la philosophie de Moïse, Dieu créa l'homme après avoir créé les plantes et les animaux, pour indiquer que l'homme résume à lui seul tous les degrés de vie : la vie nutritive des plantes, la vie sensitive des animaux et la vie raisonnable des êtres intelligents (2).

Malgré cette double influence de Platon et d'Aristote, la classification de saint Grégoire est incomplète dans quelques détails. Reprenons en peu de mots ce que nous venons de dire des facultés de l'âme. La partie raisonnable a deux grandes facultés : l'intelligence et la volonté. L'intelligence connaît les choses matérielles par le moyen des sens, et les choses intel-

(1) In verba, Quid sit, ad Imagin. Dei, p. 1356, D.

(2) Cf. de Opif. Homin., c. VIII, p. 144, D. ; 145, B.

ligibles sans le secours des sens; la volonté se détermine librement à des actes d'amour ou d'aversion. Deux mouvements correspondant à ceux de la volonté caractérisent la sensibilité: un mouvement de concupiscence, qu'il appelle appétit concupiscible; un mouvement de répulsion, auquel il donne le nom d'irascible. Les passions sont des mouvements plus impétueux qui partent du concupiscible ou de l'irascible; ils naissent à la suite des impressions, agréables ou douloureuses, produites sur la sensibilité par les objets extérieurs. Les lumières de l'intelligence servent de contrepoids aux excitations du plaisir ou de la douleur. La volonté doit suivre les lumières de la raison, dominer les passions et s'en faire des armes pour le bien. Son empire s'établit difficilement, parce que la sensibilité se développe avant la raison. « Nous sommes prévenus par les jugements de la sensibilité, et nous faisons consister le bien dans ce qui nous cause du plaisir et de la joie (1). » Quant à l'énergie nutritive, elle agit à notre insu : ses opérations sont pleines de mystères et dirigées par la même Providence qui distribue aux plantes les sucs dont elles ont besoin pour vivre. Elle est la première à nous prodiguer ses bienfaits; la sensibilité se développe ensuite; les fruits de la raison naissent après les fleurs de la sensibilité (2). La raison est le caractère essentiel et distinctif de l'âme humaine: c'est elle qui porte l'image de Dieu; la sensibilité et l'énergie nutritive ne sont qu'une conséquence de l'union de l'âme et du corps.

Saint Grégoire ne s'écarte pas du vrai, mais il ne dit pas assez. Il semble restreindre toute la sensibilité aux deux mouvements du concupiscible et de l'irascible. La sensibilité ellemême, c'est-à-dire la faculté que l'âme possède d'éprouver des impressions, agréables ou pénibles, au moyen des sens, est plutôt supposée qu'expliquée. Il y a d'autres phénomènes psy-

(1) In Eccle. Hom., VIII, p. 736, C. D.
(2) Cf. de Opif. Homin., c. XXIX, p. 237, C. D.

chologiques qui se traduisent par des impressions agréables ou pénibles, comme les commotions physiques, mais dont les perceptions de l'entendement sont la première cause et la source véritable. Ce sont les sentiments que provoquent la contemplation du vrai, du beau, du juste, ou le spectacle du désordre et du crime. On les attribue à une faculté particulière qui est appelée sensibilité intellectuelle *ou* morale. Ce genre de phénomènes n'a point échappé à la philosophie grecque : les plus belles pages de Platon sont consacrées à exalter les délices dont l'âme peut être enivrée, si son intelligence s'élève jusqu'au monde invisible où habite la beauté éternelle et immuable (1).

Je suis loin de penser que saint Grégoire est au-dessous de Platon ou des philosophes modernes, lorsqu'il s'agit de comprendre et d'exprimer les joies intimes de la vérité et de la vertu (2). Mais, comme la plupart des philosophes anciens, il n'a pas assez tenu compte des phénomènes que nous signalons pour leur assigner une cause spéciale, au moins une énergie secondaire parmi les autres facultés de l'âme. La mémoire et l'imagination tiennent à l'entendement et à la sensibilité : la mémoire plus à l'entendement, l'imagination davantage à la sensibilité. Aristote et, à son exemple, Némésius, un contemporain de saint Grégoire, ont attaché beaucoup d'importance à ces deux facultés; les psychologues de tous les temps les ont étudiées avec soin. Saint Grégoire n'en parle que par accident : de la mémoire, au chapitre dixième du traité de la Formation de l'Homme ; de l'imagination, au chapitre treizième, à propos des images fantastiques qui s'offrent à nous pendant notre sommeil.

Faut-il faire un reproche à saint Grégoire de ces omissions ? On doit regretter qu'il les ait faites, mais on ne peut le blâmer

(1) Cf. Platon, Banquet, c. XXIX, p. 211.

(2) Cf. In Psalm., p. 157, A. C. — Ibidem, p. 445. — In Eccle. Homil., V, p. 696, A. B.

de n'avoir pas poussé jusqu'à ses dernières limites l'analyse des facultés de l'âme. Le but de ses études n'exigeait point une semblable analyse : il n'en avait besoin ni pour démontrer la spiritualité et l'immortalité du principe intelligent, ni pour expliquer les passions, ni même pour faire ressortir la grandeur et la dignité de l'âme.

CHAPITRE V.

De l'Origine de l'Ame.

§ I.

Les âmes sont des substances finies et imparfaites, par conséquent elles n'ont point la raison de leur existence en elles-mêmes; elles ne peuvent exister que par l'action d'une cause étrangère. Dieu lui-même, ayant une nature spirituelle et exempte de toute composition, ne saurait produire les âmes en se divisant et se répandant à l'extérieur par quelque émanation substantielle; il faut donc qu'il crée les âmes lorsqu'il les appelle à l'existence. Comment Dieu crée-t-il les âmes? Comme il crée toutes les autres substances, par un acte de sa volonté, dont rien ne saurait arrêter la puissance et circonscrire l'efficacité.

« Dans la nature divine, dit saint Grégoire, la puissance va de front avec la volonté. Les déterminations de Dieu sont la mesure de sa puissance et la manifestation de sa sagesse. Il appartient à la sagesse divine de savoir comment chaque chose peut être faite, et à sa puissance de produire tout ce que sa sagesse a jugé possible. Au moment où Dieu connaît la possibilité d'une chose, sa puissance est déjà toute prête à produire et à réaliser ce que son intelligence a conçu. La puissance ne fait jamais défaut à l'intelligence, et l'œuvre de Dieu apparaît en même temps que le décret créateur, car la puissance de

Dieu n'est pas différente de sa volonté. C'est elle qui prévoit comment les êtres seront produits, et qui dispose les moyens par lesquels ce qui a été conçu dans la pensée arrivera à l'existence. Tout ce qui concourt à la création des êtres se trouve à la fois : le décret, le plan, la puissance et l'existence substantielle des êtres. Puisqu'il en est ainsi, ce serait entreprendre un travail superflu de chercher comment et par quels moyens les êtres ont été créés (1). »

Si la philosophie ne peut expliquer comment Dieu produit les âmes, elle peut du moins se demander à quel moment de la série des siècles il les appelle à l'existence et à la vie terrestre.

Les platoniciens croyaient les âmes éternelles. Ils avaient imaginé une cité des âmes, dans laquelle ces pures intelligences vivaient de la contemplation de la Vérité, jusqu'au moment fatal où, commettant quelque faute, elles étaient condamnées à vivre dans des corps, pour se purifier de leur souillure (2). Origène rejette l'éternité des âmes, mais il admet la république invisible de Platon. Les âmes ne sont unies aux corps que par accident : elles ne sortiraient jamais de leur monde étranger au nôtre, si l'abus de leur liberté ne les conduisait au mal ; leur union avec les corps et leur vie terrestre sont un châtiment et un moyen d'expiation. Son opinion fut partagée par plusieurs écrivains des premiers siècles, parmi lesquels on peut citer Pierius d'Alexandrie (3), saint Pamphile (4), saint Méthodius (5), Synésius (6), et Jean de Jérusalem (7). « Plu-

(1) In Hexam., p. 69, A. B.
(2) Cf. Platon, Phèdre, c. XXVIII-XXX, p. 248-250.
(3) Phot. Cod. CXIX.
(4) Apol. Orig.
(5) S. Méthod., Combefis. Auct. pp. noviss., p. 97.
(6) Hymn. I. 89, sqq.: III, 588.
(7) Hieronym. Epist. 38, ad Pammach. de Error. Joann. Jerosolym.

sieurs savants qui ont vécu avant nous, dit saint Grégoire, et qui ont étudié le livre des *Principes*, enseignent que les âmes existent dès le commencement, comme un peuple dans une cité particulière. Les âmes ont la liberté du bien et du mal dans leur république : si elles sont fidèles à la vertu, elles restent à jamais exemptes des entraves du corps ; elles sont condamnées à la vie terrestre et unies à des corps, si elles abandonnent la participation du bien (1). »

Saint Grégoire réprouve la doctrine des origénistes. Cette opinion, dit-il, est née des rêveries grecques; elle conduit à d'autres rêveries non moins absurdes, à la métempsycose. — Les âmes sont unies aux corps afin qu'elles puissent expier les fautes qu'elles ont commises dans leur invisible cité. — Mais qu'arrivera-t-il si, au lieu de se purifier, elles contractent de nouvelles souillures pendant leur séjour dans le corps humain ? Sans doute il faudra les punir en les unissant à des natures inférieures, c'est-à-dire, selon l'opinion des philosophes grecs, il faudra les emprisonner dans des corps d'animaux et les faire descendre jusqu'aux plantes. Quelle sera la fin de ces dégradations successives, sinon l'anéantissement des âmes (2) ?

Saint Grégoire appelle la doctrine des origénistes-platoniciens une doctrine sans tête et sans but, ἀκέφαλός τε καὶ ἀτελής : sans tête, parce qu'elle repose sur une hypothèse toute gratuite, la préexistence des âmes dans quelque monde invisible ; sans but, parce qu'elle n'atteint pas la fin pour laquelle les Grecs l'ont inventée, la purification de l'âme par son union avec la nature corporelle (3).

Beaucoup d'autres opinions étaient répandues, dès le temps de saint Grégoire, sur l'origine et l'époque de la formation des âmes. On les trouve toutes énumérées dans le Commentaire sur

(1) Greg. Nyss. de Opif. Homin., c. XXVIII, p. 229, B. C.
(2) Cf. de Opif. Homin., c. XXVIII. p. 229, 232, 233.
(3) Cf. Ibidem, p. 233, B. C.

les paroles de la Genèse : « *Faisons l'homme à notre image et à notre ressemblance.* »

« Les uns soutiennent que les âmes ont été précipitées du Ciel dans les corps ; d'autres, que, créées par la volonté du Seigneur, elles sont venues à l'existence en même temps que les corps. Les uns, tout en affirmant que l'homme a été créé à l'image de Dieu, pensent que les âmes sont produites par une vraie génération ; d'autres, que les âmes naissent au contact des corps, comme l'étincelle jaillit au choc du fer et de la pierre. Selon les uns, les âmes commencent à exister au moment de la conception du corps ; selon les autres, quarante jours seulement après qu'il a été conçu (1). »

Deux de ces opinions ont plus spécialement fixé l'attention des docteurs chrétiens : celle des *Créatiens* et celle des *Génératiens* ou *Traduciens*.

Les âmes sont-elles créées par une action directe et immédiate de Dieu ? Ne naissent-elles pas plutôt les unes des autres par une émanation toute spirituelle, comme un flambeau s'allume à un autre flambeau ? Les créatiens soutenaient le premier sentiment ; le second était défendu par les génératiens.

Le génératianisme explique mieux la transmission du péché originel, mais il se concilie plus difficilement avec la doctrine de la spiritualité de l'âme. Je crois même qu'un traducianisme rigoureux ne saurait être soutenu par une saine psychologie. En effet, si les substances dont le contact produit les âmes renferment déjà les principes substantiels de ces âmes, elles se partagent en les communiquant ; elles sont donc complexes et divisibles ; la doctrine de la spiritualité de l'âme est détruite. Si les âmes génératrices ne contiennent aucun principe substantiel distinct et séparable, elles ne produisent pas réellement d'autres âmes ; leur contact n'est qu'une cause accidentelle

(1) Greg. Nyss. Quid sit, ad Imagin. Dei et similit., p. 1331, C. D.

qui détermine l'action créatrice de Dieu à s'exercer. Le traducianisme ne diffère donc pas essentiellement du créatianisme ; il indique seulement une circonstance providentielle de laquelle Dieu a voulu faire dépendre la création des âmes. Nous avons exposé le côté historique de cette question dans notre thèse latine sur Tertullien ; nous n'y reviendrons pas (1).

Saint Grégoire défend le créatianisme, mais il a sa manière propre de le comprendre. La plupart des créatiens enseignaient que les âmes sont créées successivement, à mesure que les corps qu'elles doivent occuper apparaissent à la vie. « Chaque jour, dit saint Jérôme, Dieu produit de nouvelles âmes : Quotidie Deus fabricatur animas (2). » La formation du corps précède même la naissance de l'âme. Les germes corporels existent d'abord et se développent peu à peu, selon les lois de la nature, sans que l'âme préside à ces premiers développements. Dieu n'appelle l'âme à l'existence qu'au moment où le corps, désormais constitué, va passer à la vie terrestre.— Ainsi, la création n'est pas achevée ; elle va se continuant tous les jours par des œuvres plus parfaites que la plupart de celles qui furent exécutées au commencement. Dieu ne créa alors que deux âmes : l'âme du premier homme et celle de la première femme; depuis, selon l'expression de Némésius, il crée journellement plus de cinquante mille essences intelligibles (3).

Ce n'est pas là le créatianisme de saint Grégoire. Il ne faut pas croire, dit-il, que les âmes existent dès le commencement, et qu'elles ont été précipitées ensuite dans les corps, sans doute, comme l'explique Platon, parce que, devenues plus pesantes par leurs souillures, elles ont été retardées dans leur mouvement de rotation autour de l'orbe de l'univers, et n'ont pu

(1) Cf. cap. II, p. 59-62.

(2) Ep. 38, ad Pammach. de Error. Joann. Jerosolym.

(3) Cf. Nemes. de Natur. Hom., c. II, p. 205.

suivre les rapides circuits du pôle céleste (1). Il ne faut pas croire non plus que, l'homme étant déjà façonné comme une statue d'argile, Dieu se mette à créer l'âme à cause du corps. « Ce serait dire que la nature intelligente est moins en honneur qu'un ouvrage pétri de boue (2). »

L'âme et le corps forment un seul et même homme : tous deux doivent avoir le même commencement. L'homme ne peut pas être plus âgé et plus jeune que lui-même ; par conséquent l'homme corporel ne saurait exister d'abord, et l'homme spirituel naître après lui : Dieu fait l'homme tout entier et d'une seule fois (3). « Le former par parties, et à différentes reprises, ce serait le mettre en dissension avec lui-même... La puissance de Dieu s'accuserait de faiblesse, si elle divisait son œuvre, au lieu de l'achever par un seul acte (4). »

Tout se trouve en puissance dans le grain de froment, le germe, la tige, les entre-nœuds, le fruit, l'épi lui-même tout entier. Aucune de ces parties n'existe avant les autres, si l'on fait attention à leurs commencements. Tout ce qui sort successivement de la semence est véritablement contenu dans la semence, et ne provient ni d'addition, ni de mélange. « Les premiers germes de l'homme ont aussi, dès le principe, tout ce qu'ils manifesteront plus tard, à mesure qu'ils iront à leur entier développement, conformément aux lois de la nature : ils ne reçoivent du dehors aucun élément essentiel à leur perfection (5). » L'âme n'est point avant le corps, le corps n'est pas non plus avant l'âme. Le corps et l'âme ont un même commencement : un même décret leur donne l'existence ; leurs

(1) Cf. Platon, Phèdre, c. XXVII, XXVIII, p. 247, 248. — Greg. Nyss. de Opif. Homin., c. XXVIII, p. 234, A. D.

(2) De Opif. Homin., c. XXVIII, p. 234, C. D.

(3) Cf. Greg. Nyss. de Opif. Homin., c. XXIX, p. 233-240.

(4) Ibidem, p. 234, D., 236, A.

(5) Ibidem, p. 236, B. C.

progrès sont marqués par une correspondance réciproque. Les germes du corps humain n'offrent au commencement aucune articulation, aucune distinction de membres; de même on ne peut distinguer d'abord aucune des propriétés de l'âme, jusqu'à ce qu'elle soit en état de déployer son énergie. Les éléments confus du corps humain se développent avec lenteur; ils forment peu à peu les entrailles et les membres, par leur propre énergie, sans qu'aucune autre vertu soit surajoutée. La même chose a lieu pour l'âme : elle ne manifeste pas ses opérations à l'extérieur, mais elle n'en est pas moins tout entière dans le corps (1).

« Tout ce que le corps sera plus tard, existe en puissance dans les éléments corporels; mais sa forme future n'apparaît pas tout de suite, parce que sa manifestation est assujétie aux lenteurs de la nature. Ainsi l'âme existe tout entière dans le corps, bien qu'elle reste cachée ; elle se manifestera par ses propres opérations, lorsque le corps, étant plus développé, pourra lui prêter le concours de ses actes (2). »

Saint Grégoire paraît avoir attaché la plus grande importance à la question de l'origine des âmes. Il la discute plusieurs fois dans le traité de la Formation de l'Homme (3) ; il la reprend encore dans son dialogue avec Macrine, à peu près dans les mêmes termes, et toujours avec le même intérêt.

Nous ne pouvons admettre, dit-il, que les âmes aient habité quelque monde invisible : ce serait tomber dans les imaginations de la philosophie grecque. « Nul esprit sérieux n'admettra non plus que les âmes soient plus jeunes que les corps, et d'une naissance postérieure à celle des corps. Il est évident que rien de ce qui est sans vie et sans âme, n'a la faculté de se mouvoir et de croître. Cependant les germes déposés dans le sein de la

(1) Cf. Ibidem, p. 236, B. C. D.

(2) De Opif. Homin., c. XXIX, p. 236, C. D.

(3) Cf. Ibidem, c. XXIX, p. 233-240; c. XXX, p. 253, 256.

mère ne sont privés ni de la vertu nutritive, ni de la faculté de se mouvoir. Nous devons donc croire que le corps et l'âme commencent à exister en même temps (1). »

Il ne faut pas s'étonner d'une telle insistance. La doctrine de saint Grégoire sur l'origine des âmes n'est pas une doctrine isolée et sans conséquence ; elle tient à des théories d'un ordre très-élevé, par lesquelles saint Grégoire essaie d'expliquer toute l'histoire de l'âme et du corps : leur union dès le principe ; leur vie commune, inaperçue d'abord, et ensuite manifestée par des opérations correspondantes ; enfin leurs rapports si intimes et si mystérieux, que la mort même ne saurait les interrompre et les briser complétement. Lorsqu'on étudie ce côté de la philosophie de saint Grégoire, je ne sais quel rapprochement d'idées vous reporte au souvenir de Leibniz. On se demande avec étonnement si l'un de nos plus grands philosophes modernes n'a pas été devancé, sinon inspiré, par saint Grégoire, dans plusieurs de ses plus hardies conceptions. Nous renvoyons à la fin du chapitre suivant, à expliquer la pensée que nous nous contentons d'exprimer ici.

§ II.

La doctrine de saint Grégoire sur l'origine de l'âme a un côté très-clair : c'est que l'âme et le corps commencent à exister ensemble, et au même moment. « L'homme n'est ni plus âgé ni plus jeune que lui-même (2). » Mais il y a un autre côté qui peut paraître obscur, et qui demande un examen attentif. Quel est le moment précis de la création des âmes ? Leur création est-elle successive ? Se fait-elle à des intervalles dif-

(1) De Anim. et Resur., p. 125, B. C.

(2) De Opif. Homin., c. XXIX, p. 255, D.

férents, à mesure que les germes corporels forment des corps individuels et distincts ? Les philosophes que saint Grégoire vient de combattre enseignaient que la création des âmes a lieu peu de temps avant la naissance. Saint Grégoire se contente-t-il de l'avancer de quelques jours, et de la fixer au premier instant de la conception ? N'enseigne-t-il pas plutôt que toutes les âmes ont été produites à la fois, au sixième jour de la création, et qu'elles furent unies, à ce moment même, aux premiers germes de leurs corps déjà existants, et parfaitement distincts aux yeux de l'intelligence divine ?

Ainsi toute la création eût été achevée le sixième jour ; Dieu se serait alors reposé de son travail créateur, selon la parole de la Genèse : « Et requievit, die septimo, ab universo opere quod patrarat (1). » La Providence seule agirait désormais pour prendre soin que chaque créature apparaisse, à son heure, dans la série des siècles. Cette opinion a été soutenue par Leibniz dans les temps modernes. Elle n'était point inconnue à l'époque de saint Grégoire ; on l'entrevoit clairement dans ce passage que nous avons déjà cité : « D'autres pensent que les âmes sont venues à l'existence avec le corps, ayant été produites par le Créateur (2). » Les paroles de saint Grégoire ne sont qu'une redite, si elles n'expriment pas le sentiment dont il s'agit. Car le même passage énumère séparément toutes les autre hypothèses, par lesquelles on voudrait l'expliquer : l'hypothèse origéniste de la création primitive des âmes, antérieure à l'existence des corps, et celle de leur formation successive, soit au moment de la naissance, soit à celui de la conception. C'est probablement aussi l'opinion qui est soutenue par Némésius, au second chapitre de son traité sur la Nature de l'Homme. Némésius ne dit pas, il est vrai, que les âmes sont unies aux premiers éléments des corps. Mais il enseigne qu'elles ont toutes été créées dès le

(1) Genes. II, 2.

(2) Greg. Nyss. Quid sit, ad Imag. Dei et similit.. p. 1332, D.

commencement, et il n'affirme nulle part qu'elles aient été placées dans un monde particulier, selon le sentiment d'Origène, qu'on a coutume de lui attribuer (1).

Est-ce aussi l'opinion de saint Grégoire? Il y a de fortes raisons de le supposer. Dans sa pensée, l'âme existe aussitôt que les éléments corporels reçoivent les premières étincelles de la vie; car les éléments corporels ne sont vivants que par la présence de l'âme (2). — Il croit donc que toutes les âmes existent depuis l'origine du monde, s'il croit que les germes de tous les corps ont été déposés, distincts et vivants, dans le premier homme.

Le père du genre humain recélait-il en lui-même des germes de vie pour tous ses descendants? Peut-on dire avec vérité, car il s'agit ici d'une loi générale, que l'auteur ou le père d'une espèce contient toutes les semences élémentaires qui formeront les individus de l'espèce? Je sais que les hypothèses de la science ne sont pas d'accord sur ce point. Mais peu importe. Nous n'avons pas besoin de résoudre la question scientifique; il nous suffit de connaître l'opinion de saint Grégoire. Or, il me semble que saint Grégoire croit à une vitalité primordiale de tous les corps en Adam. En effet, il assimile la naissance des hommes à la propagation des plantes; et, pour lui, la propagation d'une plante n'est que la manifestation d'une vie déjà contenue tout entière dans la semence génératrice.

« Le grain de froment contient en puissance tout ce qu'il deviendra dans la suite : l'herbe, la tige, les entre-nœuds, le fruit, les épis. Aucune de ces choses n'est plus ancienne; aucune ne naît réellement avant les autres, si l'on considère la formation des germes. La semence manifeste la vertu qu'elle renferme, successivement et selon l'ordre de la nature; nulle vertu étrangère ne vient se surajouter à la semence : (Φάμεν)

(1) Cf. Patrol. Græc., tom. 45, p. 204, D.; 205, A. D.

(2) Greg. Nyss. de Anim. et Resur., p. 125, B. C.

τάξει μέν τινι φυσικῇ τὴν ἐγκειμένην τῷ σπέρματι δύναμιν φανεροῦσθαι, οὐ μὴν ἑτέραν ἐπεισκρίνεσθαι φύσιν (1). »

Que ce grain de froment soit le premier de son espèce, et que des moissons entières naissent des grains qu'il va produire, ne faudra-t-il pas avouer que seul il contenait déjà les germes de tous les épis qui se sont développés les uns après les autres? Si ces épis n'ont pas puisé leurs germes élémentaires dans le grain générateur, où les ont-ils puisés, comment les possèdent-ils? Comment sont-ils vivants? « Les sucs nourriciers de la terre ne communiquent aux plantes aucune vertu étrangère; autrement la branche morte pourrait produire des rameaux. Ils ne font que rendre apparente une vertu cachée que les plantes tiennent de la nature : ἡ περιέχουσα γῆ... τὴν ἐπικειμένην (δύναμιν) ἔκδηλον ἀπεργάζεται, διὰ τῆς οἰκείας ἰκμάδος τιθηνουμένη εἰς ῥίζαν, καὶ φλοιὸν, καὶ ἐντεριώνην (2).... »

Il y a là un mystère où la raison humaine s'égare par la confusion de tant de vies renfermées dans une seule; mais pour la raison divine, rien n'est confus, rien n'est indéterminé. Elle connaît le nombre des grains de froment qui doivent donner aux hommes le bienfait des moissons; elle a marqué l'ordre dans lequel ils seront produits, les uns par les autres; elle a tout disposé pour que chacun apparaisse à son tour. Il en est ainsi pour les hommes. Dieu connaît leur nombre, l'ordre et les circonstances de leur passage sur la terre; il a tout disposé pour que chacun soit prêt à paraître au jour et à l'heure marqués.

Les semences primordiales de tous les corps existaient donc, dès le commencement, dans le père du genre humain; car la moisson tout entière a puisé ses richesses dans la fécondité d'un premier germe. Elles n'étaient point mortes et inertes; elles vivaient déjà d'une vitalité cachée. « Les sucs nourriciers de la

(1) De Opif. Homin., c. XXIX, p. 236, B.
(2) Ibidem, p. 240, B.

terre ne communiquent point aux plantes une vertu étrangère... Ils ne font que rendre apparente une vertu cachée qu'elles tiennent de la nature (1). » Si les semences primordiales des corps ont été formées et appelées à la vie dès le commencement, les âmes ont aussi reçu l'existence dès l'origine du monde : car le corps n'existe pas avant l'âme ; l'homme n'est ni plus âgé ni plus jeune que lui-même ; les corps n'ont de vie et de mouvement que par la présence des âmes (2).

Saint Grégoire s'est exprimé d'une manière plus catégorique et plus directe sur l'époque de la création des âmes. Il enseigne que Dieu n'a fait la distinction des sexes qu'en prévision du péché originel. Si le péché originel n'avait pas été commis, les hommes auraient existé aussi nombreux qu'ils existeront dans l'ordre actuel ; mais ils se seraient multipliés d'une manière différente.

Selon saint Grégoire, les anges se sont aussi multipliés dans leur monde ; leur apparition a été successive et subordonnée à des circonstances dont ils étaient les maîtres. Les hommes se seraient multipliés à la manière des anges, qui ont tous la même nature et dont le nombre est infini (3). Aussi la distinction des sexes doit-elle être regardée comme un accident dans la nature humaine ; elle ne peut avoir aucun rapport avec les paroles par lesquelles Dieu annonce la création de l'homme : « *Faisons l'homme à notre image et à notre ressemblance* (4). »

Que la distinction des sexes n'ait aucun rapport avec les paroles bibliques, la raison le démontre assez clairement ; nous n'avons point à insister sur cette assertion. Quant à la propagation des anges et à leur naissance par processions successives,

(1) De Opif. Homin., c. XXIX, p. 240, B.

(2) Cf. de Opif. Homin., c. XXIX, p. 256, B. C. — De Anim. et Resur., p. 125, B. C.

(3) Cf. de Opif. Homin., c. XVII, p. 189, A. B. C.

(4) Cf. Ibidem, p. 189, 192.

c'est une opinion particulière à saint Grégoire, qu'il faut mettre au nombre des *simples conjectures*. Il n'entre pas dans notre sujet d'en examiner la valeur. Mais cette doctrine est mêlée de considérations importantes qui peuvent expliquer la pensée de saint Grégoire sur le moment de la création des âmes. Nous ne devons pas les négliger.

« Pourquoi la distinction des sexes, demande saint Grégoire? — Ceux-là seuls, répond-il, sont capables d'en comprendre le mystère, qui ont été les témoins de la vérité, et les messagers de la parole divine. Pour nous, qui cherchons à découvrir la vérité par les analogies et les conjectures, nous ne voulons point donner notre opinion comme une doctrine incontestable; nous l'exposerons de notre mieux comme un exercice d'étude à la bienveillance de nos lecteurs.

» Quelle est donc notre opinion sur ce sujet? — L'Écriture dit que Dieu fit l'homme à son image, sans déterminer l'extension du mot homme, parce qu'elle veut désigner le genre humain tout entier, τῷ ἀορίστῳ τῆς σημασίας ἅπαν ἐνδείκνυται τὸ ἀνθρώπινον. En effet, le nom d'Adam n'est pas donné à la création dont il s'agit, comme il le sera plus tard dans les autres récits de l'Écriture. L'homme qui est créé n'est pas désigné par un nom particulier, mais par le nom de l'espèce. Cette appellation embrassant la nature humaine tout entière, nous sommes conduits à penser que Dieu, par sa connaissance des choses futures et par sa toute-puissance, a compris toute l'humanité dans cette première formation. Il n'y a rien d'indéterminé dans les choses que Dieu produit. Chaque être a son terme et sa mesure, marqués par la sagesse de celui qui l'appelle à l'existence... Je crois donc que, par sa force prévoyante de l'avenir, *le Dieu de l'universalité des êtres* comprenait toute la plénitude de l'humanité dans un seul homme.

» L'Écriture nous donne cet enseignement, lorsqu'elle raconte que Dieu créa l'homme, et qu'il le créa à son image. L'image de Dieu n'est pas dans une partie de la nature humaine; le bienfait n'est pas accordé à un homme en particulier : le don de représenter les traits de Dieu est accordé à toute la race humaine également. La preuve de cela, c'est que l'intelligence réside dans tous les hommes ; c'est que tous ont la faculté de prendre conseil et possèdent les autres vertus, par lesquelles la nature divine est représentée dans l'œuvre qui est faite à son image. L'homme qui est apparu le premier, au moment même de la formation du monde, et celui qui doit naître lorsque les choses arriveront à leur entière et complète évolution, portent également le cachet de la ressemblance divine.

» Un seul homme désigne toute la race humaine, parce que rien n'est passé, rien n'est à venir pour l'infinie puissance de Dieu : ce qui est attendu, comme ce qui est présent, se trouve sous l'empire de l'action divine qui embrasse tout l'univers. Toute la suite des hommes, depuis les premiers jusqu'aux derniers, porte donc le même caractère de ressemblance avec celui qui est. La différence des sexes, Dieu l'a surajoutée à ce qu'il venait de créer, pour la raison que je vais dire (1). »

Cette raison, nous l'avons déjà expliquée. « Le péché originel devant faire déchoir de la dignité angélique la race humaine, déjà créée tout entière par la volonté de Dieu, devait aussi lui enlever la faculté de se multiplier et de développer sa vie dans la suite des siècles, à la manière des anges. Il fallait un mode de propagation propre à une créature dégradée par le péché. Dieu surajouta donc à l'humanité, déchue de la dignité angélique, la faculté de se multiplier, comme les animaux privés de raison, par les générations successives (2). »

Si l'on veut réfléchir aux paroles que nous venons de citer, il ne paraîtra pas douteux que saint Grégoire ait admis la création simultanée de toutes les âmes au commencement.

(1) De Opif. Homin., c. XVI, p. 185. B. D.
(2) Ibidem, c. XVII, p. 189. C. D.

Lorsque Dieu créa l'homme à son image, ce ne fut pas sur un homme en particulier, ce fut sur l'humanité tout entière qu'il exerça son action créatrice, ἅπαν ἐνδείκνυται τὸ ἀνθρώπινον (1). La preuve de cela, c'est qu'en cet endroit l'Écriture ne nomme point Adam, comme elle a soin de le nommer plus tard (2).

« Voici ma pensée, dit-il ailleurs, sur les paroles de la Genèse : « Dieu dit : Faisons l'homme à notre image et à notre ressemblance; c'est pourquoi Dieu fit l'homme, et il le fit à son image. » L'image de Dieu, qui est commune à toute la nature humaine, eut alors son achèvement complet. Il ne s'agissait pas encore d'Adam... C'était la nature humaine, dans sa totalité, qui était faite à l'image de Dieu. Ce n'était pas une partie du tout que la sagesse infiniment puissante de Dieu avait en vue; elle embrassait à la fois toute la plénitude de notre nature, ἅπαν τὸ τῆς φύσεως πλήρωμα (3). »

Mais, dira-t-on, saint Grégoire se contente de faire allusion au plan général par lequel Dieu conçoit la plénitude de l'humanité; il ne parle pas de l'acte créateur lui-même, par lequel Dieu réaliserait à la fois tout le plérôme de la race humaine. — Évidemment saint Grégoire n'en est plus à la délibération divine. La délibération divine est exprimée par ces paroles : « Faisons l'homme à notre image et à notre ressemblance. » — Celles-ci : « C'est pourquoi Dieu fit l'homme, et il le fit à son image » expriment l'exécution de la pensée de Dieu. — Les paroles de la Genèse embrassent toute la plénitude de l'humanité. La plénitude de l'humanité n'est donc pas seulement conçue et considérée dans l'avenir; elle est exécutée et produite dès l'origine des choses. Qu'est-ce à dire, sinon que les êtres dont Dieu veut composer le plérôme de l'humanité, il les crée tous

(1) De Opif. Homin., c. XVI, p. 185, B.

(2) Ibidem, p. 185, B.

(3) De Opif. Homin., c. XXII, p. 204, C. D.

à la fois, par un seul et même acte de sa volonté ? Ils sont tous créés le même jour ; mais Dieu réserve à son infinie sagesse de les faire apparaître, quand il lui plaira, aux divers moments de la série des siècles assignée au développement successif de l'*humanité*.

Rien de plus indéterminé pour nous que le nombre d'hommes destinés à constituer la plénitude de la race humaine ; rien de plus clair et de plus distinct pour Dieu. Ce que Dieu connaît aujourd'hui, il le connaissait au moment solennel de la création. Ce qu'il connaissait, il le réalisait déjà en créant toutes les âmes, et avec les âmes les éléments de tous les corps auxquels les âmes sont unies. Les paroles de la Genèse : « Dieu fit l'homme à son image, » indiquent un acte créateur, et cet acte créateur embrasse toute l'humanité. Aussi, dans l'ordre de la création, il n'y a ni premier ni dernier ; tous les hommes sont appelés du néant à l'existence le même jour, à la même heure, par le même acte de la volonté divine : il n'y a de premier et de dernier que dans l'ordre selon lequel chaque homme fait son apparition à la vie terrestre.

Saint Grégoire voulant indiquer que tous les hommes portent l'image de Dieu, le dernier aussi bien que le premier dans l'ordre des temps, évite avec soin les expressions dont on a coutume de se servir pour exprimer l'action de créer. Il désigne le dernier par le verbe γενησόμενος, celui qui doit naître, et le premier par les mots συναναδειχθεὶς τῇ πρώτῃ τοῦ κόσμου κατασκευῇ, celui qui a été montré au moment même de la première formation du monde. C'est que, dans la pensée de saint Grégoire, Adam n'est pas créé le premier, mais il apparaît le premier ; et celui qui naîtra le dernier ne sera pas créé le dernier : il ne fera qu'apparaître après tous les autres hommes. Il y a plus, le premier homme est seulement mis en évidence, συναναδειχθείς, — le dernier doit naître, γενησόμενος. Pourquoi ? parce que le père du genre humain n'a pas eu de naissance proprement dite, tandis que le dernier de ses descendants devra faire son apparition au monde, selon le cours ordinaire des lois de la nature.

Nous ne pensons donc pas avoir été trop loin en affirmant que saint Grégoire croit à la formation des âmes, et à leur vitalité cachée dans les premiers éléments corporels, au moment même de la création. Nous avons tenu à éclaircir ce point de ses doctrines psychologiques, pour mieux faire comprendre la liberté de ses jugements, dans les choses qui ne touchent pas à la foi. Son opinion est la plus hardie que la philosophie ait conçue sur l'origine de l'âme ; mais il serait injuste de la taxer de témérité. Elle n'a rien de contraire à l'enseignement catholique. L'Église a condamné l'opinion de la préexistence des âmes dans un autre monde, opinion soutenue autrefois par les origénistes : aucune de ses décisions n'atteint le sentiment que nous venons d'exposer. Ce sentiment a même l'avantage d'expliquer, autant que cela est possible, la participation de tous les hommes au péché originel. Dieu créa toutes les âmes dès l'origine du monde; en les créant il les unit aux semences primordiales des corps, toutes renfermées en Adam ; Adam portait donc en lui-même la plénitude de l'humanité, au moment où il commit sa faute. Ainsi tous les hommes ont péché avec le père du genre humain, « in quo omnes peccaverunt (1). »

Les raisons timides opposeront peut-être à la doctrine de saint Grégoire qu'elle suppose un excès de prévoyance, et des combinaisons infinies de la part de Dieu. Mais aux yeux de quelle philosophie la souveraine intelligence de Dieu serait-elle incapable de prévoir et de régler l'avenir, jusque dans ses moindres accidents et ses plus minutieux détails ?

(1) Rom. V, 12.

CHAPITRE VI.

De l'Union de l'Ame et du Corps.

Une conclusion ressort naturellement de la doctrine que nous venons d'étudier : le corps et l'âme ne sont point unis accidentellement. Ce sont deux natures que Dieu a faites l'une pour l'autre ; il les a créées ensemble, il les a unies dès le premier moment de leur existence ; elles apparaissent ensemble à la vie terrestre ; leurs facultés se développent parallèlement, et dans une dépendance réciproque. Il y a plus, dans la pensée de saint Grégoire elles sont unies pour ne jamais se séparer totalement ; l'union du corps et de l'âme peut être modifiée ; elle est plus ou moins intime ; elle n'est jamais complétement brisée, pas même par la dissolution de la mort. Nous aurons occasion de revenir sur cette théorie philosophique, particulière à saint Grégoire. Arrêtons-nous en ce moment à l'union même de l'âme et du corps ; examinons les caractères de cette association, cherchons les raisons providentielles de relations si intimes entre deux substances dont les natures semblent si différentes.

§ I.

Pourquoi l'homme est-il esprit et matière ? Quel dessein Dieu s'est-il proposé en unissant les corps et les âmes par la communauté de la vie ; des intelligences semblables aux anges, à des substances lourdes et pesantes, comme les natures les plus grossières ? Dieu l'a voulu ainsi afin que sa sagesse éclatât en toutes choses, et que son nom fût glorifié par toute créature.

« Il est évident, dit saint Grégoire, que tous les êtres dépendent d'une seule cause. Aucune des choses existantes n'a l'être par elle-même, et n'est à elle-même son principe et sa propre cause. Il n'y a qu'une seule nature qui soit incréée, éternelle, immuable, toujours la même, supérieure à toute dimension, qui ne peut ni augmenter ni décroître, et qui dépasse toute limite. Le temps et l'espace, tout ce qui tient au temps et à l'espace, tout ce que la pensée peut concevoir d'intelligible avant le temps, et par delà le monde, tout est son ouvrage (1)... Dieu n'a pas voulu que la terre fût vide et privée de toute nature intelligente et immatérielle. Il créa donc la nature humaine par un dessein particulier de sa Providence ; il voulut qu'une substance terrestre fût unie à l'âme qui est d'une nature intelligente et divine, et qu'ainsi, par son union avec une substance pesante et charnelle, l'âme vécût au milieu des choses terrestres ; car la substance de nos corps n'est pas différente des éléments matériels. Et il faisait cela afin que la souveraine puissance qui préside à l'univers fût glorifiée, dans toutes ses œuvres, par des natures intelligentes ; afin que les esprits du Ciel et ceux de la terre concourussent tous au même but, par la même force intellectuelle, dont ils sont doués, de pouvoir regarder Dieu (2). »

Tel est le but providentiel que Dieu s'est proposé en unissant l'âme et le corps. Mais que cette union est féconde en résultats mystérieux ! Le corps reçoit des impressions de toute la nature visible ; ces impressions, transmises à l'âme, deviennent des instruments de plaisir ou de douleur, une source permanente de pensées, de lumière, de doute, d'inclinations, de répulsions, de

(1) De Infant. qui præmat. abrip. (Migne, tom. 46, p. 172, C. D.)
(2) Ibidem, p. 174, B. C.

mouvements de toutes sortes et dans les sens les plus contraires. De son côté l'âme ne fait presque rien sans le corps ; elle partage son énergie vitale avec lui ; elle lui fait ressentir toutes ses affections, le meut à son gré, et s'en sert comme d'un auxiliaire pour exécuter ses déterminations. Et cependant l'âme est esprit ; le corps est matière ; l'âme n'a ni dimension, ni forme, ni figure, ni quantité, ni pesanteur ; le corps est étendu, pesant, grossier, réductible en parties distinctes, accessible à tous les sens par les formes, la figure, la quantité et la pesanteur. Comment ces deux natures peuvent-elles avoir des communications si intimes ? — La difficulté d'expliquer les liens qui unissent l'âme et le corps a produit les plus graves erreurs.

La philosophie s'est fait une arme de sa propre faiblesse. Ne pouvant comprendre l'union de deux substances si opposées, elle a nié leur opposition ; elle a détruit la spiritualité de l'âme, et lui a attribué une nature corporelle : de là un honteux matérialisme. Elle eût été plus sage en avouant son impuissance : « Il faut accorder à Dieu, dit saint Augustin, qu'il y a des choses dont nous ne saurions pénétrer le mystère. Dans ces sortes de choses, toute la raison du fait se trouve dans la puissance même de celui qui l'a voulu (1). »

Au jugement de saint Grégoire, l'union de l'âme et du corps est une de ces vérités qu'il n'est pas donné à l'intelligence humaine de pouvoir expliquer.

« L'union de l'esprit et du corps a des raisons qu'on ne peut ni dire, ni connaître. L'âme n'est pas dans le corps ; car ce qui est incorporel ne peut être circonscrit dans le domaine de ce qui est corporel. Elle n'enveloppe pas le corps tout en demeurant hors de lui, car les choses incorporelles ne peuvent rien contenir. L'âme est avec le corps d'une manière incompréhensible et inexprimable ; elle lui est attachée, elle est en lui et autour de lui, elle n'a pas sa place dans le corps ; elle n'est pas

(1) S. August. Epist. CXXXVII. VIII.

non plus enveloppée dans les contours de la matière. Tout ce que l'on peut dire et penser c'est que la nature corporelle conservant l'harmonie de son organisation, l'âme peut déployer son énergie et ses facultés ; mais si le corps éprouve quelque dérangement, le mouvement de la pensée subit aussi des perturbations (1). »

Saint Grégoire a examiné, par rapport à Dieu, le mystère qu'il craint d'envisager, par rapport à l'âme. La philosophie se demande, par rapport à Dieu, comment une nature immatérielle a pu produire les qualités de la matière ; elle se demande, par rapport à l'âme, comment une substance spirituelle peut avoir des relations si intimes avec une autre substance dont la nature paraît être si éloignée de la sienne. C'est toujours la même question : Comment expliquer l'action d'une nature spirituelle et invisible sur les substances étendues et composées ?

La doctrine de saint Grégoire est digne d'attention. Les matérialistes ont détruit la spiritualité de l'âme ; ils ont fait l'âme semblable au corps pour pouvoir l'unir avec lui. Saint Grégoire croit aussi que l'opposition des deux natures n'existe pas, mais il laisse aux âmes leur spiritualité, trop évidente aux yeux d'une saine philosophie ; c'est aux corps dont la nature nous échappe au milieu des illusions de la sensibilité, qu'il cherche à enlever leurs qualités matérielles. Sa philosophie sur ce point a de singuliers rapports avec celle de Leibniz.

Pour Leibniz, les corps ne diffèrent point essentiellement des substances que nous appelons spirituelles. Tous les corps sont composés d'éléments simples et immatériels, sans forme, sans étendue, sans divisibilité. Les qualités que nous attribuons à la matières, les couleurs, les formes, la quantité, la pesanteur, ne sont pas des réalités objectives : ce sont des phénomènes purement psychologiques, des impressions et des conceptions qui naissent dans l'esprit à la suite de nos relations avec ce que

(1) De Opif. Homin., c. XV, p. 177, C. — Cf. Nemes. de Natur. Homin., p. 217.

nous appelons les substances matérielles. Leibniz donne le nom de *monades* aux âmes et aux substances spirituelles, parce que ces natures excluent toute idée de mélange et de composition : ce sont de véritables unités. Il donne le même nom aux principes constitutifs des corps, parce que la complète analyse des substances matérielles conduirait nécessairement à des substances élémentaires aussi simples que les plus pures intelligences.

Ce qui est nombre et composition, dit Leibniz, ne peut se concevoir sans l'unité : nulle philosophie ne saurait rejeter ce principe. — L'unité est-elle possible, si les substances matérielles peuvent toujours être divisées en fractions plus petites ? Évidemment non. — Il faut donc reconnaître quelque élément indivisible à l'origine des corps. Mais si l'unité fondamentale, la monade primitive et nécessaire, quelque petite qu'on la suppose, est encore étendue, elle offre prise à la distinction, et par celà même à la divisibilité ; elle n'est pas une véritable unité. N'étant pas une véritable unité, elle ne peut servir de principe à la constitution des corps, qui sont essentiellement composition et nombre. Il faut donc admettre l'unité, et l'unité sans possibilité de distinction et *d'étendue*, à l'origine de toutes les substances corporelles.

On a objecté à cette théorie que les monades, étant privées de toute étendue réelle, ne peuvent produire aucune des qualités de l'étendue qui frappent nos sens. Leibniz répond que l'étendue n'est pas une qualité objective ; ses modifications sont des phénomènes purement psychologiques, qui naissent dans l'âme à la suite de ses relations avec les éléments simples dont les corps ont été formés (1).

Essayons d'exposer la doctrine de saint Grégoire sur la nature intime des substances matérielles ; elle nous offrira plus d'un trait de ressemblance avec le célèbre système des monades.

(1) Brucker, Histor. Critic. Philosophiæ, tom. V, p. 402.

Le sentiment de saint Grégoire apparaît tout d'abord dans le but même pour lequel il s'efforce de le faire prévaloir. Il veut montrer qu'il y a moins de différence qu'on ne le pense communément entre la nature de Dieu et celle des substances corporelles. La plupart des philosophes grecs, et les Manichéens, à leur exemple, croyaient à l'éternité de la matière. Dieu, disaient-ils, n'a aucune des qualités que l'on remarque dans les corps ; il est d'une nature toute spirituelle : il n'a ni forme, ni grandeur, ni quantité. Les corps, au contraire, sont composés, divisibles, étendus, soumis à la quantité, aux formes et aux figures. Quelle relation possible entre des natures si opposées ? Dire que Dieu a créé la matière, ce serait avouer qu'il est matériel comme son œuvre (1).

« Nous savons, répond saint Grégoire, que toutes choses viennent de Dieu : l'Écriture nous le dit ouvertement. Comment sont-elles en Dieu ? Cela dépasse notre raison. Mais nous savons que rien n'est impossible à la puissance de Dieu ; il peut faire passer à l'existence ce qui n'existe pas, et lui donner telle qualité qu'il lui plaît (2). »

Cette réponse n'est pas une discussion. Aussi saint Grégoire ne s'en contente pas ; il se hâte d'ajouter : « Il ne serait pas impossible de persuader la vérité, si l'on voulait aborder la question de la nature de la matière et la traiter avec un peu d'étendue (3). Car il ne faut point rejeter parmi les pures imaginations l'opinion qui regarde comme certain que la matière tire son origine de l'intelligible et de l'immatériel : « Ταύτην (ὕλην) ἐκ τοῦ νοητοῦ καὶ ἀΰλου ὑποστῆναι. »

« La matière se compose de certaines qualités qu'on ne peut lui enlever sans cesser aussitôt de la concevoir. Or, chacune de ces qualités peut être séparée, par la raison, de la substance

(1) Cf. De Anim. et Resur., p. 121, C.-D.; p. 124, A.
(2) De Opif. Homin., c. XXIII, p. 212, C.
(3) Ibidem, c. XXIII, p. 212, D.

qui la porte, et nous savons que la raison est une faculté intelligente qui appartient à l'esprit, et non pas à la matière. Prenons un exemple. Considérons un animal, un arbre, un objet matériel quelconque ; une foule de propriétés s'offrent à notre attention, et notre intelligence ne les confond pas, bien qu'elle les considère dans le même objet. Autre est la considération de la couleur, autre celle de la pesanteur, autre celle de la quantité et de toutes les qualités qui tombent sous les sens. Ni le mou, ni la hauteur, ni les autres qualités dont nous venons de parler, ne se confondent avec le corps, ou les unes avec les autres, dans la pensée. Chacune a sa définition propre qui la distingue des autres propriétés que l'on remarque dans l'objet dont il s'agit.

» Si la couleur, la dureté, la quantité et toutes les autres propriétés des corps sont perçues par l'intelligence, si, lorsqu'on les sépare de l'objet matériel, le corps disparaît tout entier, ne faut-il pas conclure que c'est le concours de toutes ces choses qui constitue la matière ? car, s'il en était autrement, leur séparation n'amènerait pas la dissolution de la substance matérielle. On ne doit pas appeler corps ce qui n'a ni couleur, ni figure, ni solidité, ni étendue, ni pesanteur, ni les autres qualités semblables. Aucune de ces attributions n'est le corps, mais quelque chose de distinct de lui. Par contre, lorsque ces attributions se trouvent réunies, elles forment les natures corporelles. La perception de ces propriétés est toute spirituelle ; la nature divine est aussi toute spirituelle. Que peut-il y avoir d'invraisemblable à supposer que des principes spirituels soient produits par une cause spirituelle pour former la substance des corps ? La nature spirituelle produit des forces spirituelles ; le concours de ces forces spirituelles donne naissance à la nature matérielle (1). »

Ce nom de forces spirituelles donné par saint Grégoire aux

(1) De Opif. Homin., c. XXIV, p. 212 et 213.

principes de la matière, — νοηταὶ δυνάμεις, — Leibniz l'emploie aussi pour désigner les monades élémentaires dont le concours et les rapports constituent les substances corporelles.

Nous avons pu remarquer que saint Grégoire répète souvent, dans le dialogue de l'Ame, ce qu'il a déjà dit dans le traité de la Formation de l'Homme. La question que nous examinons en ce moment nous fournit un nouvel exemple de ces répétitions. C'est la même difficulté. Comment Dieu, nature toute spirituelle, a-t-il pu créer les substances matérielles, qui sont étendues et divisibles ? C'est aussi la même solution : les substances matérielles ressemblent beaucoup plus aux natures spirituelles qu'on ne le pense communément.

« La raison ne comprend pas comment le visible vient de l'invisible ; comment ce qui est dur et solide est produit par ce qui échappe à tous nos sens ; comment de l'infini dérive le fini, ce qui est soumis à la quantité et aux dimensions, de ce qui est sans grandeur et sans quantité.— Voici notre opinion sur toutes les propriétés que l'on remarque dans les substances corporelles. Aucune des qualités que l'on attribue aux corps n'est réellement un corps, ni la forme, ni la couleur, ni la pesanteur, ni l'étendue, ni la quantité, ni aucune autre qualité apparente; chacune est un rapport, une chose purement intellectuelle, τούτων ἕκαστον λόγος ἐστί. C'est le concours et l'union de ces attributions qui constituent les corps, ἡ δὲ πρὸς ἄλληλα συνδρομὴ τούτων καὶ ἕνωσις σῶμα γίνεται. Les propriétés qui constituent les corps sont perçues par l'intelligence, et non pas par la sensibilité. Dieu lui-même n'est connu que par l'intelligence. Pourquoi une cause purement intellectuelle ne produirait-elle pas des choses purement intellectuelles, dont le concours et l'union forment ce qui nous apparaît corporel (1) ? »

On entrevoit bien le but de saint Grégoire. Il veut montrer que l'opposition de l'esprit et de la matière est plus apparente

(1) De Anim. et Resur., p. 124, D.

que réelle. Mais son opinion n'est peut-être pas encore complétement exprimée. C'est dans son Hexaméron qu'il l'explique avec le plus de précision et de clarté.

« La pesanteur, la légèreté, la solidité des corps, toutes les autres propriétés sensibles, le dur, le mou, l'humide, le sec, le froid, le chaud, la figure, le contour et l'espace, ne sont en elles-mêmes que de simples idées, de pures conceptions de l'esprit. Aucune n'est matière ; c'est leur concours qui forme la matière (1). »

Qu'est-ce donc que la matière, que sont les corps, si on les considère sans les qualités dont le concours les rend apparents ? Quels sont les éléments constitutifs de leur substance, car les corps ne sont pas de pures abstractions ? — Non, répond saint Grégoire, les corps ne sont pas de pures abstractions. Mais si on les sépare des qualités qui les rendent sensibles par leur réunion, on arrive jusqu'aux éléments primitifs que Dieu créa dès le commencement et dont il a formé toutes les substances matérielles. Or, ces éléments étaient à l'origine sans forme, sans figure, invisibles, incorporels, comme le sont toutes les substances spirituelles.

« Il est écrit, dit saint Grégoire, que la terre était invisible et informe. Ces paroles nous enseignent que toutes les créatures existèrent en puissance dans le premier acte créateur. Dieu produisit alors les semences élémentaires de tous les êtres, mais aucun n'existait encore en particulier. La terre était invisible et informe; en d'autres termes, elle était et elle n'était pas, parce que Dieu n'avait point encore disposé l'ordre et l'harmonie de ses propriétés. La preuve, c'est le témoignage de la Sainte Écriture, qui affirme que la terre était invisible. Car ce qui est invisible n'a pas de couleur; — la couleur est une sorte d'émanation révélatrice de la figure, et la figure n'existe pas sans le corps. — Si la terre était invisible, elle manquait de

(1) In Hexam., p. 69, C. D.; (Migne, tom. 44.)

couleur; par conséquent, elle n'avait ni forme, ni figure, elle n'était pas corporelle. La terre se trouvait, comme tout le reste, dans cette création primordiale et simultanée de l'univers; mais elle attendait que ses qualités lui fussent données pour être ce qu'elle nous apparaît. En disant que la terre était invisible, l'Écriture nous fait entendre qu'elle n'avait pas encore ses qualités; en disant qu'elle était informe, elle nous donne à penser que la terre était encore privée de ses attributions corporelles (1). »

Les éléments constitutifs du monde furent donc créés d'abord; plus tard, la sagesse divine leur donna diverses combinaisons qui formèrent les substances corporelles. Ils furent des réalités dès le commencement, mais des réalités sans forme, sans figure et sans couleur, des réalités incorporelles. Ils devinrent des corps lorsque Dieu leur eut communiqué leurs propriétés en les unissant; encore ces propriétés sont-elles des idées, des conceptions de l'esprit, qui ne deviennent matérielles et visibles que par leur union et leur assemblage : « ἔννοιαι... καὶ ψιλὰ νοήματα. Οὐ γάρ τι τούτων ἐφ' ἑαυτοῦ ὕλη ἐστὶν, ἀλλὰ συνδραμόντα πρὸς ἄλληλα, ὕλη γίνεται (2). »

Aussi saint Grégoire fait-il observer qu'un esprit éclairé se gardera bien de juger des réalités par les apparences : « Οὐ μέχρι τῶν φαινομένων στήσεται. » Le vrai philosophe se reconnaît à deux caractères : « Il ne rejette point une chose parmi les fictions, parce qu'elle échappe à la vue ; il ne s'en tient pas non plus aux apparences, aux simples phénomènes : Οὐ μέχρι τῶν φαινομένων στήσεται, οὐδὲ τὸ μὴ βλεπόμενον ἐν τοῖς μὴ οὖσι λογίζεται (3). » L'âme est inaccessible aux sens ; le vrai philosophe « n'en étudie pas moins la nature de l'âme, ἀλλὰ καὶ ψυχῆς φύσιν περινοεῖ (4). » Les corps tombent sous la percep-

(1) In Hexam., p. 77, D. p. 80, A. B.
(2) Ibidem, p. 69, C. D.
(3) Greg. Nyss. de Virginitate, c. XI, p. 364, B. C.
(4) Ibidem.

tion des yeux : il ne se contente pas de les voir, « il en considère toutes les qualités séparément et dans leur ensemble ; il les divise et les unit tour à tour par la pensée ; il examine comment leurs combinaisons et leurs rapports concourent à former les substances matérielles (1). »

A quelle source saint Grégoire a-t-il puisé cette théorie spiritualiste de la matière ? — Suivant en cela les traditions pythagoriciennes, Platon ne regarde point la terre, l'eau, l'air et le feu comme les éléments constitutifs et la dernière raison des corps. Il croit que les quatre éléments ne sont qu'une première combinaison de principes antérieurs ; il attribue au chaos l'origine de toutes les substances corporelles et des quatre éléments eux-mêmes. Or, pour lui, le chaos est une matière informe et invisible, je dirais presque quelque chose de spirituel : « Nous ne l'appellerons, dit-il, ni terre, ni air, ni feu, ni eau, ni rien de ce que les corps ont formé, ni aucun des éléments dont ils sont sortis. Mais nous ne nous tromperons pas en disant que c'est un certain être invisible, informe, contenant toutes choses en son sein, et recevant, d'une manière très-obscure pour nous, la participation de l'être intelligible (2). »

Peut-être saint Grégoire s'est-il inspiré de ce passage du Timée. Leibniz lui-même croit trouver quelques traces de son système des monades dans les *nombres* de Pythagore et les *idées* de Platon. Faut-il penser que l'évêque de Nysse et le philosophe allemand, ayant puisé à la même source, sont arrivés à la même doctrine ? Il y a là une immense question que les limites de notre travail ne nous permettent pas d'approfondir.

Quoi qu'il en soit, la théorie de saint Grégoire est une réponse directe aux objections des Manichéens sur la création des sub-

(1) De Virginitate, c. XI, p. 364, B. C.

(2) Timée, traduct. de M. Cousin, p. 156.

stances corporelles. Elle détruit l'argument fondamental par lequel ils prétendaient démontrer l'éternité de la matière. Pourquoi Dieu n'aurait-il pas pu créer la matière ? La nature de la matière n'est point opposée à la nature de Dieu. Dieu n'a ni forme, ni figure, ni dimension : la matière n'a, en réalité, ni forme, ni figure, ni dimension. Dieu est invisible et incorporel ; les principes élémentaires de la matière sont invisibles et incorporels; les corps eux-mêmes ne sont composés et matériels que « pour les esprits grossiers qui s'en tiennent aux apparences : (Oἱ) πλέον οὐδὲν τοῦ ὁρωμένου περιεργάζονται (1). »

Cette opinion sur les éléments constitutifs des substances matérielles est aussi une explication de l'union de l'âme et du corps. Si la nature de la matière ne diffère pas essentiellement de la nature divine, elle diffère encore moins de celle de l'âme. Il n'est donc plus impossible de concevoir l'union de l'âme et du corps ; leurs relations s'expliquent sans difficulté par la *ressemblance* des natures.

§ II.

L'union de l'âme et du corps paraît brusquement interrompue à la mort. L'énergie intellectuelle ne se manifeste par aucune opération : le corps n'a plus de sensibilité, plus de mouvement, plus de vie. Les parties qui le composent tombent en dissolution, et sont dispersées dans la poussière du tombeau.

Nous savons que l'âme survit à la destruction du corps, et qu'elle conserve pour elle-même la vie qu'elle partageait avec

(1) Greg. Nyss. de Virginitate, c. XI, p. 364, B.

le corps. Mais cette vie que l'âme conserve et qu'elle doit éternellement conserver, la continuera-t-elle seule désormais? Les relations avec le corps sont-elles brisées pour toujours? L'âme a commencé son existence avec le corps; elle est apparue au monde avec lui; elle s'est habituée à le regarder comme une partie d'elle-même. Est-ce un éternel adieu qu'elle lui adresse au moment de la mort? Si l'âme doit poursuivre seule sa destinée, que faut-il penser de son union avec le corps? Qu'y a-t-il de plus transitoire et de moins inhérent à sa nature? Qu'est-ce que l'homme? De quel droit les philosophes ont-ils coutume de le définir une intelligence unie à un corps? Le corps n'est qu'un accident de quelques jours; qu'est-il besoin d'en tenir compte dans la définition de l'homme?

La mort détruit donc l'humanité; car, après la mort, il n'y a plus que de pures intelligences, si les âmes ne doivent pas revivre un jour dans les corps qu'elles ont animés. N'est-il pas plus conforme à la saine raison de penser que la mort est un état transitoire dans la vie de l'homme? L'union de l'âme et du corps est interrompue pendant quelque temps. L'humanité n'est pas détruite à jamais; l'âme reviendra à la destination que l'auteur de la nature lui assigna dès le commencement, la communauté de vie avec le corps. Quoi de plus convenable que cette recomposition de l'homme dans la vie future? La vie future est le temps de la récompense et du châtiment: l'âme recueille alors ce qu'elle a semé sur la terre. Elle n'a rien fait seule et séparée du corps. Si elle a soutenu victorieusement les luttes de la vertu, le corps a été à la peine, n'est-il pas juste qu'il soit aussi à la gloire? Si elle a cédé aux attraits du vice, le corps a eu sa part de jouissances, souvent même c'est à cause du corps que l'âme a méconnu ses obligations, et s'est couverte d'ignominie; en vertu de quelle justice le corps serait-il exempt des douleurs de l'expiation? Je sais que la Résurrection demande des prodiges: il faut réunir les éléments dispersés du corps, et leur redonner la vie qu'ils ont perdue. Mais ces prodiges ne sauraient effrayer que ceux dont la timide raison mesure la puissance de Dieu à leur propre faiblesse (1).

Dieu a formé le corps du premier homme avec le limon de la terre ; chaque jour il appelle à la vie des millions de corps, par une action moins visible il est vrai, mais non moins merveilleuse (2). Pourquoi serait-il impuissant à façonner une seconde fois ce qu'il a pu produire si facilement une première ? « En quelque lieu que l'on suppose les débris du corps humain, dit saint Grégoire, ils seront toujours enfermés dans les limites de l'univers. Or, selon l'expression des Saintes Écritures, Dieu tient le monde entier dans sa main. Vous n'ignorez pas ce que vous portez dans votre main ; est-ce que la connaissance de Dieu serait moindre que la vôtre ? Comment serait-il donc impuissant à discerner ce qu'il tient en dépôt dans sa main divine (3) ? »

Or, si Dieu voit distinctement tous les éléments des corps, quelle difficulté peut-il avoir à les animer une seconde fois, comme il les a vivifiés une première ?

Peu d'écrivains ont mieux établi que saint Grégoire le dogme chrétien de la Résurrection. Nous avons dit, en parlant de sa méthode, avec quelle habileté et quel succès il amène la philosophie à recevoir l'enseignement de la foi sur cette importante question. Sa théorie sur l'union de l'âme et du corps est encore une explication philosophique du dogme chrétien. L'âme est l'hôte naturel du corps humain ; leur séparation ne saurait être que transitoire. L'âme est destinée, dans les conseils de Dieu, à vivre avec le corps : il n'est pas possible qu'elle soit éternellement séparée de lui. « Le corps n'a pas été sans l'âme ;

(1) Cf. de Opif. Homin., c. XXV, p. 215, c. XXVI, p. 224, C. ; c. XXVII, p. 225 ; c. XXIX, p. 235.

(2) Cf. Ibidem, c. XXVII, p. 228, D. ; p. 229. A.

(3) De Opif. Homin., c. XXVI, p. 224, D.

l'âme non plus n'a pas été sans le corps (1) : » l'homme, arrivé à son terme, ne saurait être une moitié de lui-même. La mort peut interrompre les relations naturelles de l'âme ; elle ne saurait briser à jamais les conditions normales de son existence. Au moment marqué par la divine Providence, le corps et l'âme seront réunis de nouveau, et il n'y aura plus de mort pour les séparer (2).

Quelle sera l'époque de cette solennelle reconstitution de l'humanité ? Dieu seul connaît le jour et l'heure de la Résurrection ; mais quand même des siècles devraient s'écouler, les siècles sont bien courts comparés à l'éternité qui leur succède : « N'ayons donc point de tristesse, ajoute saint Grégoire, si nos désirs tardent à se réaliser. Faisons plutôt de généreux efforts afin que nous ne soyons point frustrés de nos espérances (3) ;... ou plutôt jouissons déjà de notre future félicité, par notre foi et la sainteté de notre vie (4). »

Saint Grégoire pousse beaucoup plus loin les conséquences de sa doctrine sur l'union de l'âme et du corps : il va jusqu'à croire que la séparation des deux substances n'est jamais complète. Lors même que le corps est tombé en dissolution, l'âme conserve encore des relations avec lui : elle reste attachée aux éléments qui le composaient, elle est avec eux, en quelque lieu qu'ils aient été dispersés.

« Il n'est pas invraisemblable de penser que les différentes parties du corps étant séparées et rendues à leur état originel, l'âme, à raison de sa substance simple et spirituelle, demeure avec chacun des éléments, même après leur dissolution. Une fois unie d'une manière ineffable à la masse des éléments cor-

(1) De Opif. Homin., c. XXIX, p. 235, D ; p. 356, B. C.

(2) Cf. de Anim. et Resur., p. 108, A. B. ; de Opif. Homin., c. XXII, p. 208, A. B.

(3) De Opif. Homin., c. XXII, p. 208, D.

(4) Ibidem, p. 209, B.

porels, l'âme est destinée à rester toujours avec eux : rien ne saurait détruire cette alliance une fois contractée (1). »

Quelque singulière que paraisse cette opinion, il est impossible de ne pas l'attribuer à saint Grégoire. On la rencontre souvent dans ses ouvrages : elle est longuement exposée au chapitre vingt-septième du traité de la Formation de l'Homme; les développements les plus clairs et les plus précis lui sont donnés dans le dialogue sur l'Ame et la Résurrection. Macrine mourante éprouve une sorte de consolation à l'expliquer à son frère. C'est elle qui prononce les paroles que nous venons de citer. Saint Grégoire ne peut s'empêcher de les trouver étranges :

J'admets, dit-il, que l'âme soit avec les éléments corporels, lorsqu'ils sont unis pour former le corps ; rien de plus conforme aux lois de la nature. Mais lorsque les éléments sont séparés et jetés en divers endroits, comment croire que l'âme puisse être unie à chacun d'eux ? Le nautonnier dont la barque est brisée par la tempête ne s'attache pas à tous les débris de son navire; il s'attache à un seul et abandonne les autres à la merci des flots. « Ainsi l'âme dont la substance n'est pas divisible comme les parties de son corps, s'attache peut-être à quelques-uns des éléments corporels, mais ne saurait s'attacher à tous à la fois (2)... »

La sœur de saint Grégoire développe ainsi sa doctrine :

« Une substance spirituelle et indivisible ne peut ni être resserrée ni s'étendre; les substances corporelles seules sont capables de contraction et de diffusion. L'âme étant incorporelle et sans étendue, est toujours présente aux éléments de son corps, qu'ils soient réunis ou qu'ils soient séparés. Elle n'est pas à l'étroit lorsque les éléments sont réunis; elle ne les abandonne point lorsqu'ils se séparent et se confondent avec les autres éléments semblables, quelque distance que l'opposition

(1) De Anim. et Resur., p. 44, D.
(2) Cf. de Anim. et Resur., p. 45, B. C.

de leur nature ou de leurs propriétés mette entre eux.... La nature spirituelle de l'âme n'a aucune peine à rester avec les éléments auxquels elle a été unie une première fois. Ils peuvent être séparés par la distance des lieux et par des destinées diverses : une nature qui n'a aucune dimension peut rester unie même à ce qui est séparé par l'espace. Pendant cette vie, l'âme embrasse le ciel entier par sa pensée; ses investigations dépassent les extrémités du monde, et cependant son intelligence n'est pas séparée d'elle-même en traversant l'immensité de l'espace. De même rien ne saurait empêcher l'âme d'être toujours avec les éléments corporels, qu'ils soient unis et qu'ils forment le corps, ou qu'ils soient séparés par la dissolution.... L'intelligence de l'âme préside aux éléments dont le concours forme le corps; elle ne les abandonne point lorsqu'ils sont dispersés par la mort; elle reste avec eux, elle les accompagne sans être séparée d'avec elle-même par leur séparation, sans être divisée par le nombre de leurs parties. La séparation et la division sont le propre des substances corporelles et étendues : une nature spirituelle et sans dimension n'est pas soumise aux modifications de l'espace. Aucune force ne pouvant donc détruire l'union naturelle de l'âme et du corps, l'âme demeure toujours avec les éléments matériels auxquels elle a été une fois unie (1). »

Il est impossible de se méprendre sur le sens des paroles de sainte Macrine. C'est bien la doctrine que nous avons exprimée en commençant. Saint Grégoire ne l'entend pas autrement que nous; il l'adopte sans aucune restriction; il s'en explique la philosophie à lui-même, et ses paroles laissent entrevoir le but que le frère et la sœur se proposaient en poussant l'union de l'âme et du corps jusqu'à ses conséquences extrêmes. Plusieurs philosophes prétendaient que l'âme devait périr avec le corps; ils apportaient pour raison qu'il lui est impossible de vivre seule

(1) De Anim. et Resur., p. 46, D.; p. 48, A. C.

et séparée de toute substance corporelle. « Où sera l'âme après la mort, disaient-ils?... Ce qui n'est nulle part n'existe pas (1).» La théorie de l'union du corps et de l'âme persévérant jusque dans la mort était une réponse à ces objections.

« Votre doctrine, dit saint Grégoire, peut persuader à ceux qui ne sont pas trop obstinés que l'âme n'est ni détruite ni anéantie par la dissolution du corps. On ne saurait soutenir qu'elle n'est nulle part parmi les êtres, sous prétexte que sa nature est différente de la nature des éléments. Deux raisons viennent à l'appui de cette conjecture : la première c'est que, pendant la vie, l'âme est présente au corps, bien qu'elle soit d'une substance tout-à-fait différente; la seconde c'est que la nature divine, qui est si éloignée de ressembler aux substances sensibles et matérielles, est cependant présente à tout l'univers et à toutes les parties de l'univers pour les conserver. Il ne faut donc pas retrancher l'âme du milieu des êtres, parce qu'elle passe de la vie terrestre à ce qui ne tombe point sous les sens (2). »

L'union de l'âme avec les éléments de son corps n'est point une union fictive et imaginaire. L'âme a conscience des nouvelles relations que la mort lui fait contracter. « Elle connaît les débris de son corps par la force de son intelligence; elle demeure avec eux jusqu'à ce qu'ils soient réunis de nouveau, ce que l'on appelle et ce qui est proprement la Résurrection (3). »

En attendant le moment fixé par la Providence, « l'âme est au milieu des restes qui lui appartiennent, comme une sentinelle vigilante à l'entrée d'un édifice. Grâce à la pénétration et à l'agilité de sa nature spirituelle, elle ne commet aucune erreur; elle les distingue tous alors même qu'ils sont mêlés à d'autres

(1) De Anim. et Resur., p. 20, C.; p. 21, A.

(2) Ibidem, p. 72, D., 73, A. — Cf., p. 24, B. C.

(3) De Anim. et Resur., p. 76, B. — Cf. Ibidem, p. 73.

éléments semblables; elle n'est point impuissante à les suivre, lorsqu'ils sont emportés et confondus dans la masse; elle demeure avec eux en quelques lieux qu'ils soient, quelques transformations que la nature leur fasse subir (1). »

L'ouvrier qui a façonné des vases d'argile leur a donné à tous un cachet spécial auquel ceux qui en deviennent possesseurs peuvent facilement les reconnaître. Que ces vases soient brisés, on peut encore les distinguer ; les fragments de la coupe ne se confondent point avec ceux de l'amphore. Les corps humains ressemblent à des vases pétris par la main du Créateur ; chacun d'eux reçoit un caractère et des traits distinctifs. — L'âme voit-elle briser par la mort son enveloppe mortelle, elle n'en sait pas moins retrouver cette poussière qui fut la sienne. « Elle ne quitte point ce qui lui a appartenu ; elle discerne les débris de son corps aux marques qui leur sont imprimées, comme elle le reconnaissait lui-même avant sa dissolution : Ἐκ τῶν ἀπομεινάντων σημείων τοῖς λειψάνοις οὐ πλανωμένη περὶ τὸ ἴδιον (2). »

Il y a donc des signes auxquels l'âme reconnaît les restes dispersés de son corps. Que faut-il entendre par ces signes? Selon saint Grégoire, l'âme ne se sépare point de son corps sans en emporter l'image avec elle, image réelle et vraie qui lui rappelle le souvenir de celui qui fut le compagnon de sa vie sur la terre. « Tout n'est pas fugitif et transitoire dans notre nature : notre nature ne se concevrait pas si tout en elle était variable et changeant. Une partie de ce qui est en nous persiste et demeure ; une autre partie disparaît. Les années font éprouver au corps des augmentations et des pertes successives ; mais sa forme, il la conserve invariable au milieu de toutes les vicissitudes. Il ne perd jamais la physionomie que la nature lui a donnée ; il garde toujours les traits qui lui sont propres, quelque

(1) De Anim. et Resur., p. 77, A. B. — Cf. Ibidem, p. 76.

(2) De Anim. et Resur., p. 80, A. B.; Cf. Ibidem, p. 77, C. D.

accident qu'il lui arrive (1). » Certaines maladies peuvent couvrir comme d'un masque cette forme plus stable ; elles ne l'anéantissent pas ; elle reparaît, après la guérison, avec la santé (2). « Ce n'est pas la partie mobile et transitoire de notre corps, c'est la partie stable et permanente qui s'attache à la partie divine de l'âme (3). »

Imprimée à l'âme par les éléments corporels eux-mêmes, cette image est différente et variée, selon l'aspect et la disposition des parties qui ont constitué le corps. Elle en retrace tous les traits, toute la physionomie ; l'âme, en la regardant, reconnaît aussitôt les éléments qui lui ont laissé cette empreinte (4). C'est une sorte de signe caractéristique auquel l'âme distingue chaque partie de son corps. Elle s'en servira au jour de la Résurrection générale, pour reconstituer elle-même ce que la mort a brisé. Toutes les âmes s'en servent déjà pour se reconnaître dans le monde invisible qu'elles habitent : le mauvais riche reconnaît ainsi Lazare, et Lazare lui-même reconnaît le mauvais riche (5).

Allons encore plus loin ; n'oublions aucune particularité de cette singulière hypothèse. Ce n'est pas seulement l'âme qui discerne les différentes parties de son corps ; ce sont les éléments eux-mêmes qui semblent se reconnaître et se chercher. Ils ont une certaine attraction les uns pour les autres, qui les empêche de s'égarer dans la masse des éléments matériels ; ils se réuniraient d'eux-mêmes, si une force majeure ne suspendait leur mouvement naturel, jusqu'au moment marqué par la Providence : « On dit que le vif-argent, si on le répand dans un

(1) De Opif. Homin., c. XXVII, p. 226, D.

(2) Cf. de Opif. Homin. ; ibidem.

(3) Cf. Ibidem, p. 227, A. C.

(4) Cf. de Anim. et Resur., p. 85, A. B. C. D.

(5) Cf. de Opif. Homin., c. XXVII, p. 228, B. C. D. — Ibidem, p. 225, C. D.

endroit plein de poussière, se divise en une foule de petites parties sphériques et glisse sur le sol, sans se mêler aux objets environnants. Pour peu que l'on rapproche les parties disséminées çà et là, elles se rejoindront aussitôt et d'elles-mêmes, sans que rien puisse mettre obstacle à leur *parfaite mixtion*. Il faut croire à quelque chose de semblable par rapport à la composition du corps humain. Si Dieu le permettait, toutes les parties se réuniraient d'elles-mêmes aux parties correspondantes, et reprendraient leurs places sans que cette recomposition demandât aucun travail (1). »

Cette théorie est une explication philosophique du dogme chrétien de la Résurrection. Les rapports de l'âme et du corps ne sont jamais interrompus. Non-seulement l'âme reste unie aux débris de son corps, jusque dans la dissolution de la mort, mais les éléments corporels eux-mêmes ont une tendance naturelle à se réunir et à reconstituer le corps. L'enseignement chrétien sur la Résurrection est donc confirmé, plutôt que combattu par la philosophie.

« Vous me semblez défendre avec succès la doctrine de la Résurrection, dit saint Grégoire à sainte Macrine ; votre opinion est propre à convaincre ceux qui sont étrangers à la foi qu'il n'est pas impossible que les éléments corporels soient réunis de nouveau pour recomposer le même homme (2). »

§ III.

N'attachons pas aux opinions de saint Grégoire plus d'importance et de certitude qu'il n'a voulu leur en donner lui-même. Il ne les propose point comme des vérités incontestables, encore

(1) De Opif. Homin., c. XXVII, p. 220, C. D.

(2) De Anim. et Resur., p. 76, B. C.

moins comme des dogmes chrétiens; il les regarde comme des conjectures et des probabilités. C'est à ce point de vue qu'il faut les considérer.

Ses théories se rapportent principalement à la vie future; et il faut bien avouer que la vie future est pleine de mystères. Dieu nous a révélé les choses essentielles à la sainteté de la vie; il a laissé le reste aux libres investigations des intelligences. L'âme est immortelle; le tombeau ne lui enlève ni la vie, ni la pensée; elle subit le jugement de ses œuvres aussitôt après la dissolution de son corps; elle est admise à la possession de Dieu ou repoussée de la félicité suprême, selon le mérite de ses actions. Mais qui connaît les circonstances mystérieuses dans lesquelles s'accomplit le passage de cette vie à la vie invisible? Qu'est-ce que l'âme éprouve au moment de la mort? Quelles sont ses pensées lorsqu'elle dit adieu à la vie terrestre? Qu'est-ce que l'invisible qui se révèle? L'âme abandonne-t-elle à jamais les lieux qu'elle vient d'habiter? Ce corps qu'elle semblait confondre avec elle-même lui devient-il étranger, indifférent, inconnu jusqu'à sa parfaite recomposition? Autant de questions que Dieu a laissées à nos conjectures.

Saint Grégoire croit que le corps n'est pas étranger à l'âme, bien que toute relation apparente soit brisée. Son hypothèse me semble propre à tempérer les horreurs de la mort. C'est une séparation de moins au milieu de tant d'autres. Les corps inanimés sont moins effrayants d'abandon, s'ils restent sous la garde des âmes, en quelque lieu qu'ils se trouvent. On s'explique mieux le respect que la mort a toujours inspiré, si les ossements des corps sont des témoins de la présence des âmes; et j'avoue que je me sentirais plus de religion et d'amour, si devant la poussière des tombeaux je pouvais me dire à moi-même : les grandes âmes qui ont animé ces débris sont encore présentes. — Le Seigneur veille sur les ossements des saints, suivant la parole des Divines Écritures; pourquoi les âmes des saints seraient-elles étrangères à la surveillance exercée par le Seigneur?

— C'est un sentiment inné chez tous les hommes que les ombres des morts planent sur leurs ossements. Les instincts de la nature sont rarement trompeurs : pourquoi le respect religieux que nous éprouvons en mettant le pied dans les cimetières n'aurait-il pas sa source dans la présence des âmes ?

Nous sommes sur le terrain des conjectures. Celle-là n'a rien d'impossible. Dieu, dit saint Grégoire, est partout dans le monde ; il vit avec chaque être pour le conserver. L'âme qui est spirituelle comme Dieu, et comme lui exempte des circonscriptions de l'espace, peut être avec chacun des débris de son corps, tout en jouissant de la félicité avec Dieu, ou en subissant loin de lui l'expiation de ses fautes. Pendant cette vie, l'âme est présente à toutes les parties du corps, bien que ces parties soient localement distantes les unes des autres : une distance plus grande ne saurait rendre la présence de l'âme impossible. Qu'est-ce que le plus ou le moins pour une nature incorporelle ?

Saint Grégoire ajoute que les éléments qui ont concouru à composer un même corps ont une certaine tendance naturelle à se rapprocher et à se reconstituer eux-mêmes. Dieu a établi ces sortes d'attractions même entre des êtres qui n'ont jamais éprouvé les mouvements de la vie : le fer paraît se précipiter vers l'aimant qui l'attire. Pourquoi n'aurait-il pas établi quelque chose de semblable pour les éléments corporels que l'âme a vivifiés ? La mort dissout et sépare les éléments qui étaient unis par une attraction réciproque ; c'est une force qui triomphe d'une autre force plus faible : ce n'est peut-être pas l'anéantissement et la destruction de l'attraction naturelle qui tend à unir les parties du corps.

Saint Grégoire suppose encore que l'âme emporte avec elle l'image et comme l'empreinte de son corps. Qu'est-ce que cette image ? Il ne le dit pas exactement. Mais elle est corporelle, elle reproduit toute la forme et toutes les parties du corps ; c'est le cachet auquel les autres âmes la reconnaissent et la distinguent. Saint Grégoire l'appelle τὸ εἶδος, l'apparence, l'ombre. N'est-ce pas le fantôme, τὸ εἴδωλον, sous lequel les anciens avaient coûtume de se représenter les âmes une fois enlevées à la vie terrestre? N'est-ce pas à cette image corporelle que plusieurs Pères de l'Église faisaient allusion lorsqu'ils ont dit que les âmes ne sont pas complétement immatérielles, et qu'elles ont un corps d'une matière plus subtile et quasi spirituelle? Quoi qu'il en soit, nous n'admettons pas que cette sorte d'enveloppe soit nécessaire à l'âme. Les natures spirituelles peuvent exister sans en être revêtues; l'essence divine n'est environnée d'aucune enveloppe matérielle. — L'opinion de saint Grégoire est encore une hypothèse, mais c'est une hypothèse qui n'a rien d'opposé à la philosophie et à l'enseignement chrétien. Nous ne prétendons pas admettre, mais aussi nous n'oserions pas condamner toutes ces conjectures sur la vie invisible. La vie présente est pleine de mystères; comment la vie future serait-elle sans ombre et sans obscurité?

Nous avons insinué plusieurs fois que les opinions de saint Grégoire, sur l'origine des âmes et la nature des éléments matériels, pouvaient avoir de l'analogie avec certaines théories de Leibniz; nous finirons ce chapitre par quelques rapprochements qui ne seront pas sans intérêt.

Selon Leibniz, tous les éléments des corps sont spirituels, indivisibles et sans étendue. Ce sont des unités, des monades, suivant une expression empruntée à la philosophie d'Aristote des *entéléchies*, des êtres d'une nature simple comme celle de l'âme. Dieu met les monades en relation de coexistence; les relations des monades forment les substances complexes, ce que nous appelons les corps. L'étendue que l'on remarque dans les substances matérielles n'est rien de réel; il n'y a de réel que les êtres simples que Dieu a réunis. L'étendue est un phénomène tout psychologique que Dieu nous fait éprouver au contact des corps (1).

(1) Brucker, Histor. critic. philosophiæ, tom. V, p. 402-407.

Selon saint Grégoire, la matière n'est pas ce qu'elle apparaît; elle est spirituelle et tombe plutôt sous le domaine de l'intelligence que sous celui de la sensibilité. Les propriétés qui nous frappent n'ont rien de corporel; leur concours et leurs rapports forment les substances matérielles. Aussi les corps ressemblent-ils beaucoup plus à la nature divine qu'on ne le pense communément. Saint Grégoire allègue cette ressemblance aux Manichéens, pour leur prouver que la création de la matière n'est pas impossible. La matière est spirituelle. Pourquoi une cause spirituelle n'aurait-elle pas pu la créer? Les éléments constitutifs des corps étaient informes et invisibles au commencement, c'est-à-dire simples et spirituels : ils sont devenus visibles et étendus par les combinaisons que Dieu leur a fait subir lorsqu'il s'en est servi pour former la nature corporelle (1).

Leibniz : — Toutes les âmes ont été créées à la fois. Les unités ou monades qui forment les corps ont été créées en même temps que les âmes. Les âmes ont été unies aux corps dès le commencement. Le corps existe avant sa naissance à la vie terrestre. La conception est un changement dans les relations du corps; la mort un changement d'un autre genre. La naissance est un développement, la mort une involution ou une diminution : il n'y a ni naissance, ni mort réelle : la mort réelle serait l'anéantissement de la substance. L'âme est avec le corps; elle n'est pas dans le corps; elle est d'abord sensitive; elle devient raisonnable lorsque le corps est suffisamment développé. L'âme a toujours un corps autour d'elle (2).

Saint Grégoire : — Le corps et l'âme apparaissent ensemble à la vie terrestre. Ils ont été créés dès le commencement avec tous les êtres. Dieu les a unis lorsqu'il créait l'humanité tout entière à son image. L'âme vit d'abord de la vie végétative,

(1) De Anim. et Resur., p. 122. — In Hexam., p. 70, 78, 79. — De Opif. Homin., p. 210-214. — De Virginit., c. XI, p. 364.

(2) Brucker, Histor. critic. philosophiæ, tom. V, p. 417-430.

puis de la vie sensitive; de la vie intelligente et raisonnable, lorsque le corps est assez développé pour lui prêter le concours de ses organes. L'âme ne contient point le corps; elle n'est pas non plus contenue par le corps; ses rapports avec lui n'en sont pas moins très-intimes et continuels. La mort change les relations du corps et de l'âme; elle ne les détruit pas. En attendant la Résurrection proprement dite, l'âme a toujours avec elle l'image de son corps, comme une enveloppe sensible et un signe caractéristique (1).

(1) De Anim. et Resur., p. 45-47, 67, A. B.; ibidem, p. 75, 76, 86; de Opif. Homin., c. XXVII, p. 225.

CHAPITRE VII.

De la Vie de l'Ame et de ses Fins.

§ I.

La vie du corps s'entretient et se développe, comme la vie des animaux privés de raison, par des aliments matériels. Mais l'homme n'est pas seulement une substance corporelle, il est une âme créée à l'image de Dieu, et cette âme a sa vie propre, une vie spirituelle convenable à sa nature intelligente (1). L'âme ayant sa vie, a aussi sa nourriture. La nourriture de l'âme n'est pas le pain grossier qui s'ajoute à la substance du corps (2) : « Car il est écrit que l'homme ne vit pas seulement de pain (3). » Les aliments qui la font vivre sont la vérité et le bien : la vérité dont la splendeur illumine l'intelligence de l'âme, le bien dont les attraits fixent ses affections (4). Pour être plus exact et plus précis, la vie de l'âme c'est Dieu lui-même, qui apparaît à l'âme comme la vérité, la beauté et le bien par essence. L'âme s'unit à Dieu par l'intelligence et par l'amour : elle trouve, dans ses

(1) Cf. de Infant. qui præmat. abrip., p. 175, D.
(2) Cf. in Eccle. Homil., V, p. 696, A. B.
(3) Math. IV, 4.
(4) Cf. in Eccle. Homil., V, p. 696, A. C.

communications avec la Divinité, sa nourriture, sa vie, sa perfection, sa fin, son entière félicité. Telle est en résumé la doctrine de saint Grégoire sur la vie et la fin de l'âme humaine. Entrons dans les détails.

L'action de regarder Dieu, dit-il, est la vie naturelle à toutes les intelligences; c'est aussi la vie de l'âme humaine : « Τὸ δὲ βλέπειν τὸν Θεὸν, ἐστὶν ἡ ζωὴ τῆς ψυχῆς (1). » En effet le regard vers Dieu est une participation à l'essence divine. « Or, si la nourriture charnelle communiquée au corps entretient et développe la vie corporelle, avec combien plus d'efficacité, la participation de l'âme à celui qui est l'être par essence, l'être immuable et sans défectuosité, pourra-t-elle conserver l'âme en son essence (2)! » Qu'est-ce que saint Grégoire appelle le regard de l'âme vers Dieu? C'est la connaissance de la vérité, ou plutôt de Dieu lui-même. — Car Dieu est celui qui est; et la vérité, c'est « la ferme *intellection* de ce qui est véritablement (3). »

La vérité fait vivre l'âme; l'ignorance lui apporte la mort. L'ignorance est comme un nuage qui empêche le rayon de la vérité de pénétrer jusqu'à l'âme. Elle empêche donc la connaissance de Dieu. Empêchant la connaissance de Dieu, elle empêche aussi la participation à Dieu; elle tarit la vie de l'âme dans sa source (4). « C'est le dernier des malheurs, τοῦτο δ' ἂν εἴη τῶν κακῶν τὸ ἔσχατον (5). » L'âme doit donc fuir l'ignorance, et s'efforcer d'acquérir la science de Dieu, qui la nourrit et la fait vivre. Il y a une double science de Dieu : une science moitié obscure et moitié lumineuse, que l'âme peut posséder ici-bas,

(1) De Infant. qui præmat. abrip., p. 176, A. — Cf. Ibidem, p. 175, C. D.

(2) Ibidem, p. 175, C. D.; p. 176, A. B.

(3) De Vita Moys., p. 335, B.

(4) Cf. de Infant. qui præmat. abrip., p. 176, B.

(5) Ibidem, p. 176, C.

et qui la conserve en son essence : Δι' ἧς ἐν τῷ ὄντι συντηρεῖται ἡ φύσις (1) ; une science plus parfaite, que l'âme possèdera lorsque, purifiée de ses souillures, elle se trouvera vis-à-vis de Dieu, jouissant de la pleine contemplation de Dieu, et d'une plus grande ressemblance avec lui.

Pendant sa vie terrestre, l'âme n'a pas encore le regard assez pur et assez ferme pour contempler la vérité dans sa splendeur, mais elle peut se servir des choses visibles pour s'élever jusqu'à l'être invisible. La nature et les sciences sont des symboles et des degrés, au moyen desquels l'âme doit déjà regarder Dieu pour vivre de sa connaissance.

« Les cieux, selon la parole du prophète, lui racontent la gloire du Seigneur ; la création lui fait connaître celui qui est le maître de la création, et la sagesse qui éclate dans le monde, celui qui est la sagesse elle-même. Lorsqu'elle contemple la beauté du soleil, elle pense instinctivement à la beauté de la vraie lumière. La stabilité de la terre lui donne une idée de l'*immutabilité* de son auteur ; l'immense étendue des cieux lui révèle la grandeur infinie de la puissance qui gouverne le monde. En voyant les rayons du soleil descendre de leur incommensurable hauteur jusqu'à nous, nous n'avons pas de peine à croire que la Providence divine s'abaisse des splendeurs de la divinité, jusqu'à s'occuper de chacun des hommes. Si un seul soleil embrasse le monde entier de ses rayons, s'il se donne tout entier, sans s'épuiser jamais, à chacun des objets qui participent à ses bienfaits, à combien plus forte raison, le Créateur de la lumière sera-t-il tout en tous, selon la parole de l'apôtre, et se donnera-t-il à chacun autant que chacun peut le recevoir ?

» Que l'homme tourne ses regards vers la terre : qu'il contemple les moissons, les germes des plantes, les raisins parvenus à la maturité, la beauté de l'automne, ses fruits et ses fleurs, les prairies se couvrant de gazon, les montagnes

(1) De Infant., etc., p. 175, C. D.

élevant leurs cimes vers les cieux, les sources qui répandent leurs eaux aux pieds des montagnes et s'échappent de leurs flancs comme de mamelles intarissables; qu'il contemple les fleuves coulant dans les profondeurs des vallées, la mer recevant les rivières qui affluent de tous côtés dans son sein, sans pour cela dépasser sa mesure, car ses flots respectent leurs rivages et n'envahissent jamais la terre ferme ! Comment regarder tous ces spectacles et ne pas y trouver, avec la connaissance de celui qui est, une source infinie de jouissances?

» Et cependant je ne parle pas des sciences par lesquelles l'âme est naturellement excitée à la vertu : de la géométrie, de l'astronomie, de la connaissance de la vérité que l'on obtient par les nombres. J'omets les procédés dont on a coutume de se servir pour trouver ce qui est inconnu, ou pour démontrer ce que l'on a déjà compris, et par dessus tout la philosophie des Livres Saints, dont la science purifie les âmes de ceux qui sont instruits dans les secrets de Dieu (1). »

La purification des âmes commence, dès ici-bas, par la méditation des mystères qui nous sont révélés dans les Divines Écritures. Lorsque cette purification sera achevée, lorsque nous aurons dépouillé notre grossière chaussure, à l'exemple de Moïse devant le buisson ardent, alors nous aurons la connaissance pleine et entière de la vérité, c'est-à-dire de celui qui est, de la nature divine elle-même.

« Essence suprême, cause universelle de laquelle tout dépend... elle est toujours la même, sans éprouver jamais aucune augmentation, ni aucune défaillance. Elle est inaccessible à toutes les vicissitudes du mal et du bien; elle ne descend point à ce qui est inférieur ; il n'y a rien de plus parfait où elle puisse s'élever. Seule elle n'a besoin d'aucun être ; tous les êtres ont besoin de ses dons ; ils participent tous à ses largesses, et cette profusion d'elle-même ne l'appauvrit jamais. Voilà celui qui est

(1) De Infant. qui præmat. abrip., p. 181, A. D.

véritablement ; celui qui le connaît, connaît la vérité : Τοῦτό ἐστιν ὡς ἀληθῶς τὸ ὄντως ὄν, καὶ ἡ τούτου κατανόησις, ἡ τῆς ἀληθείας γνῶσίς ἐστιν (1). »

Délivrés des liens de la vie terrestre et sanctifiés, comme Moïse, par la purification de nos souillures, nous verrons donc un autre monde s'ouvrir devant nous, le monde des choses éternelles, ce que Platon appelle « le champ de la vérité, τὸ τῆς ἀληθείας πεδίον (2); » ce que nous appelons, nous, chrétiens, le royaume de Dieu.

Admise à une contemplation plus parfaite, l'âme connaîtra la vérité sans voile et sans nuage ; elle verra Dieu tel qu'il est (3). « Dans le siècle futur, lorsque tout ce qui frappe les sens aura passé, selon l'oracle du Sauveur, « le ciel et la terre passeront, mes paroles ne passeront pas; » lorsque nous serons arrivés à cette vie qui est au-dessus de tout regard; de toute audition et de toute pensée, ce ne sera plus, comme maintenant, en partie et par la considération de ses œuvres, que nous connaîtrons le souverain bien ; ce ne sera plus par les choses apparentes que nous comprendrons l'invisible : nous concevrons autrement l'ineffable béatitude des cieux, et nous aurons, pour éprouver la jouissance, de mystérieuses facultés que la pensée de l'homme ne saurait soupçonner ici-bas (4). »

§ II.

L'âme doit donc à sa nature intelligente de pouvoir regarder Dieu, et contempler la vérité jusque dans son essence. La con-

(1) De Vit. Moys., p. 333, B. D.
(2) Platon, Phèdre, c. XXVIII, p. 248, B. C.
(3) I Cor., XIII, 12.
(4) Greg. Nyss. In Cant. Homil., XII, p. 1009, D.; 1012, A.

naissance de ce qui est lui sert de nourriture, la conserve et lui imprime de plus en plus l'image de la Divinité. — La vie de l'âme ne consiste pas seulement dans la possession de la vérité. « Malheur, dit Bossuet, à la connaissance stérile qui ne se tourne point à aimer et se trahit elle-même (1). » La connaissance de la vérité commence la vie de l'âme : il faut que l'amour du bien la continue et l'achève. « L'image de Dieu s'achève par une volonté droite, » dit encore Bossuet (2).

La vérité et le bien ont le même objet, l'être véritable, τὸ ὄντως ὄν, Dieu lui-même. La vérité est la ferme *intellection* de ce qui est, et cette intellection fait vivre l'âme. Le bien est la libre affection de l'âme pour ce qui est : cette affection de l'âme pour le bien est une participation à Dieu, et cette participation lui communique une surabondance de vie (3). Le mal est la négation du bien, comme l'erreur est la négation de la vérité ; c'est l'affection de l'âme tournée vers ce qui n'est pas ; c'est une mort et une destruction. « Être dans le mal, ce n'est pas être véritablement ; car le mal n'est pas de l'être par lui-même : le mal est l'absence et la négation du beau. Comme celui qui est dans l'être est véritablement, ainsi celui qui est dans ce qui n'est pas, c'est-à-dire dans le mal, celui-là tend à retourner vers le néant (4). »

La vérité et le bien ne diffèrent donc pas en réalité. La vérité, c'est Dieu éclairant l'intelligence de l'âme ; le bien, c'est Dieu attirant sa volonté par l'amour. C'est toujours la même source de vie, toujours le même exemplaire auquel l'âme doit ressembler. Il y a de fantastiques imaginations du vrai ; il y a aussi des attraits trompeurs qui sollicitent l'âme, comme s'ils étaient

(1) Bossuet. Connaiss. de Dieu et de soi-même, c. IV, n. 2.

(2) Ibidem.

(3) Cf. Greg. Nyss. In Eccle. Homil., VIII, p. 737, D.

(4) In Psalm., c. VIII, p. 479, A. B. — Ibidem, c. XIII, p. 565, B. C.

le bien véritable. Il appartient à la raison de discerner ce qui est vraiment digne d'être aimé et ce qui n'est aimable qu'en apparence. « Tout amour n'est pas opportun, mais celui-là seulement qui se tourne vers ce qui est aimable. Pour bien connaître ce qui est aimable, la raison doit distinguer deux sortes de biens auxquels les hommes attachent leur affection : des biens réels qui méritent le nom qu'on leur donne, des biens trompeurs qui sont indignes d'être appelés des biens.

» Les biens véritables ne procurent point une jouissance passagère : ils ne paraissent point agréables à quelques-uns et inutiles à d'autres ; ils sont toujours biens, dans toutes circonstances, et pour tous ceux auxquels ils arrivent. Ils sont toujours les mêmes, et n'admettent aucun mélange de mal. Quiconque voudra sérieusement réfléchir, comprendra que les biens véritables ne se trouvent que dans l'essence éternelle de Dieu. Toutes les autres choses qui flattent la sensibilité ne paraissent belles que par l'erreur de notre opinion. Elles ne sont ni ne subsistent constamment. Leur nature est futile et passagère : l'ignorance et les illusions peuvent seules nous les faire prendre pour des biens véritables (1). »

Malheur à ceux qui se livrent à de pareilles méprises, et qui prennent l'apparence du bien pour sa réalité. Ils négligent la vérité, la vie, la lumière, tout ce qui est incorruptible ; ils aiment les choses vaines, et se dessèchent en courant après ce qui n'a aucune consistance (2). Discernons donc ce qui est aimable ; attachons-nous à l'amour de ce qui est beau. N'allons pas, égarés par de faux jugements, donner nos affections à la vanité dont parle le prophète, lorsqu'il s'écrie : « O enfants des hommes, jusques à quand aurez-vous la sottise du cœur ? Pourquoi courez-vous après le néant et le mensonge?... Un seul bien est réellement digne de notre amour, l'être vrai, τὸ ἀληθῶς

(1) In Eccle. Homil., VIII, p. 737, B. C.
(2) Cf. In Eccle. Homil., VIII, p. 740, B. C.

ὄν, celui que la loi du décalogue nous ordonne d'aimer, lorsqu'elle nous dit : « Tu aimeras le Seigneur, ton Dieu, de toute la pensée (1). »

« Il faut aimer Dieu toute sa vie, et toute sa vie détester ce qui est contraire à Dieu. Pour peu que l'on cesse d'aimer Dieu, on s'éloigne de lui, parce qu'on ne lui est plus attaché par l'amour. Or, quiconque est séparé de Dieu, est nécessairement séparé de la lumière, car c'est Dieu qui est la lumière. Il est aussi séparé de la vie, de l'incorruptibilité, de toute pensée et de toute action qui tendent au bien, car c'est Dieu qui est toutes ces choses. Celui qui n'est pas dans ces choses est nécessairement dans les contraires; il est, par conséquent, dans les ténèbres, dans la corruption, dans la ruine et dans la mort (2). »

§ III.

L'amour du bien conduit à la vertu, et la béatitude est le couronnement de la vertu, τέλος τοῦ κατ' ἀρετὴν βίου μακαριότης ἐστίν (3). C'est encore Dieu qui est la félicité des âmes, comme il est la vérité qui les éclaire, le bien dont la beauté les charme et les attire. « Tout ce qui se fait avec raison a toujours son but et sa fin. La culture des champs produit les moissons nécessaires à la nourriture du corps; l'exercice de la médecine tend à procurer la santé. Ainsi, la possession de la vertu conduit à la béatitude celui qui s'efforce de la pratiquer : la béatitude est le principe et la fin de toute pensée conforme à l'honnête. Or, tout ce que renferme la sublime notion de la béatitude

(1) Cf. Ibidem, C. D.
(2) Ibidem, p. 741. A. B.
(3) In Psalm., c. 1, p. 433, A.

est compris dans la nature de Dieu..... C'est Dieu qui est en réalité la vraie béatitude. Ce que les hommes appellent le bonheur ne peut être appelé ainsi qu'en vertu de sa participation à la félicité divine. Le nom et la mesure de la félicité varient avec la nature du bien dont la participation est accordée. Pour l'âme, sa béatitude est une assimilation à la béatitude de Dieu (1). »

Il n'y a rien qui doive surprendre dans cette félicité de l'âme : elle est le fruit naturel de la connaissance et de l'amour de Dieu. « C'est là ma vie, dit Bossuet, c'est là ma perfection, et tout ensemble ma béatitude, de connaître et d'aimer celui qui m'a fait (2). » L'âme devient participante de Dieu, en le connaissant et en l'aimant. Elle trouve tout dans cette participation : la vérité, le bien, la vie, la perfection et la béatitude, parce que Dieu est tout cela, et que l'âme ne peut entrer en communication avec Dieu sans participer à tous ses biens. « Il est nécessaire que la chose à laquelle nous nous unissons par la participation nous communique ses qualités ; la bouche est tout embaumée des parfums qui ont touché les lèvres ; elle exhale une odeur fétide, si on a mangé de l'ail ou quelque autre aliment semblable.... Celui qui aime le beau devient beau lui-même : car le bien qui s'unit à l'âme la transforme en lui communiquant sa propre nature (3). » — Dieu est la source de la perfection et de la béatitude : il est naturel que, en participant à lui, l'âme acquière la perfection et jouisse de la béatitude.

Nous avons dit que le regard de l'âme vers Dieu n'est pas d'une entière pureté pendant notre vie sur la terre. Notre amour est par cela même incomplet; car les mouvements de la volonté ne sauraient avoir plus d'ardeur et de vivacité que l'œil de

(1) In Psalm., c. I, p. 454, B. D.
(2) Connaiss. de Dieu et de soi-même, c. IV, n. 10.
(3) In Eccle. Homil., VIII, p. 737, D.

l'intelligence, de lumière et de vérité. L'amour a son principe dans la connaissance; il suit les premières lueurs de la vérité; il descend dans l'âme avec les premières étincelles de la beauté; il ne précède ni l'intelligence du vrai, ni le sentiment du beau. La béatitude de l'âme ne s'achève pas non plus sur la terre. Elle sera complète le jour où, purifiée de toute souillure, l'âme pourra contempler Dieu face à face et le voir sans obscurité. Car c'est la vision de Dieu qui est la source de la félicité des âmes, τί γὰρ ἄν τις μεῖζον εἰς μακαρισμὸν ἐννοήσειεν τοῦ εἰδεῖν τὸν Θεόν; (1) L'amour suivra la connaissance; la béatitude accompagnera la connaissance et l'amour, et l'image de Dieu s'achèvera ainsi dans les âmes. L'âme connaîtra Dieu et elle sera connue de Dieu; elle aimera Dieu et elle sera aimée de Dieu; elle sera en Dieu et Dieu sera en elle (2). Ce sera sa perfection et sa félicité, ὅπερ ἐστὶ κατά γε τὸν ἐμὸν λόγον ἡ τελειότης τοῦ βίου (3).

« Arrivée à cette fin suprême, l'âme ne connaîtra plus l'indigence. Elle aura la plénitude de toutes choses et portera ainsi le cachet de la béatitude divine, qui est la connaissance et l'amour de la beauté.... beauté inaccessible aux dédains de la satiété, parce que la satiété ne saurait atteindre ce qui est essentiellement beau;.... amour sans limite et sans fin, parce que la beauté n'étant circonscrite par aucune borne, l'amour ne saurait être plus circonscrit que la beauté (4). »

La vie de Dieu sera notre vie et sa béatitude notre béatitude: « L'âme portera le cachet de la félicité divine,... elle ne connaîtra plus l'indigence, elle possèdera la plénitude de tout bien (5). »

(1) In Cant. Homil., VI, p. 890, D.
(2) Ibidem, p. 890, D.
(3) Cf. de Vita Moys., p. 429, B. D.
(4) De Anim. et Resur., p. 96, D.; 97, A.
(5) Cf. Ibidem, p. 96, D.

« Ici-bas nous avons besoin de beaucoup de choses parce que notre vie est pleine de vicissitudes et de changements. Il nous faut le temps, l'air, l'espace, la nourriture, le mouvement, le vêtement, le soleil, la lumière, une foule d'autres choses nécessaires à la vie, dont aucune n'est Dieu. La félicité que nous espérons n'aura point cette indigence. La nature divine nous sera toutes choses ; elle nous tiendra lieu de tous les biens en répondant elle-même à tous nos désirs, avec une convenance parfaite. Aussi est-il évident, par les Divines Écritures, que Dieu lui-même deviendra le séjour de ceux qui auront pratiqué la vertu. Il sera leur habitation, leur vêtement, leur nourriture, leur breuvage, leur lumière, leur richesse, leur royauté, tout bien qui peut procurer la félicité de la vie...

» Or tel est le bien de Dieu, qu'il rend ceux auxquels il est communiqué plus parfaits et plus aptes à s'unir à lui : il augmente leur capacité de jouir, il la remplit et la développe, sans lui enlever la faculté de se développer encore. Source toujours jaillissante, il ne se communique jamais inutilement. L'âme reçoit ses dons sans en perdre aucune partie; en les recevant, elle acquiert la puissance d'en recevoir davantage ; elle devient plus avide de les posséder, et plus grande pour les posséder plus abondants. L'âme se dilate par l'abondance des biens; et la source, qui les répand, les verse avec plus de profusion, à mesure que l'âme devient plus capable de les contenir. Aussi est-il raisonnable de croire que la félicité de l'âme ira toujours en augmentant, sans qu'aucune limite puisse marquer le terme de ses progrès (1). »

(1) De Anim. et Resur., p. 104, B. ; p. 105, B. C. D.

§ IV.

L'âme qui regarde Dieu trouve en Dieu sa nourriture, sa vie et sa perfection ; car « le bien auquel nous participons nous rend semblables à lui. » Si l'âme participe à Dieu, en se tournant vers lui par la connaissance et par l'amour, l'image de Dieu resplendit en elle comme « le rayon de lumière qui traverse un pur cristal, ou se réfléchit dans une eau limpide (1). » Dieu est la beauté et le bien par essence ; l'âme s'illumine de sa beauté et participe au bien en s'appliquant à le regarder (2). C'est le commencement de sa perfection et le gage de sa future béatitude. Si elle est attentive à ne pas regarder les créatures, et à dompter les mouvements déréglés de son cœur, elle marche de vertus en vertus jusqu'à ce qu'elle ait achevé de reproduire l'image de Dieu. Elle franchit rapidement les degrés qui marquent les progrès de la vie divine : un maître intérieur lui apprend toute la philosophie de la vertu, en la séparant du mal ; et, après l'avoir séparée du mal, en l'unissant à Dieu par la contemplation et par l'amour (3). L'âme devient ainsi l'image de Dieu : elle recouvre sa pureté primitive ; puis Dieu l'appelle à son éternelle béatitude. Cette béatitude finale est tout à la fois une récompense et un résultat naturel de ses rapports avec Dieu sur la terre. C'est une récompense, car l'Évangile promet le royaume des cieux au serviteur fidèle :

(1) De Virginit., c. XI, p. 367, B.

(2) Cf. de Opif. Homin., c. XII, p. 162, C. D.

(3) Cf. de Vita Moys., p. 429, D. — In Psalm., c. II, p. 436, A. B. — In Psalm., c. V et sqq., p. 449-486.

« Parce que vous avez fait ceci et cela, dit le Seigneur, vous êtes digne de recevoir mon royaume en récompense (1). » C'est un résultat naturel d'une vie passée dans la vertu. « L'œil qui est sain et pur jouit naturellement de la lumière du ciel,... ainsi l'âme purifiée par une vie sainte, et devenue semblable à Dieu, entre naturellement en possession de la béatitude (2). »

Une triste expérience démontre que toutes les âmes ne marchent pas ainsi vers la béatitude finale, par la connaissance et par l'amour, c'est-à-dire par l'exercice de la vertu. Beaucoup d'âmes abandonnent la vérité pour le mensonge, le bien pour le mal, l'être vrai pour la fantastique imagination de ce qui n'est pas l'être. C'est la mort à la place de la vie divine. L'âme ne meurt pas d'une mort substantielle et physique : une telle mort serait l'anéantissement de l'âme. Mais de même que par la mort naturelle, le corps est séparé de l'âme, perd sa dignité humaine, et revient à la nature infime des plus grossiers éléments : ainsi la mort de l'âme la sépare de Dieu, lui enlève sa dignité angélique, et la ravale au rang des animaux privés de raison (3). Si l'âme oublie Dieu en se tournant vers la matière, la matière prend la place de Dieu (4), et la nouvelle divinité façonne l'âme à son image : image grossière et charnelle qui est une souillure, et un masque jeté sur l'image de Dieu : « La matière est sans forme et sans beauté par elle-même. Sa laideur détruit la beauté que l'âme tient de sa nature intelligente. De cette sorte, l'intelligence participe à l'ignominie de la matière, et l'image de Dieu ne peut plus apparaître dans son œuvre (5). »

(1) De Infant. qui præmat. abrip., p. 169, B.

(2) Cf. Ibidem, p. 176, D.: 177, A. — De Anim. et Resur., p. 96, C.

(3) De Anim. et Resur., p. 61, D.

(4) Cf. In Eccle. Homil., VIII, p. 744, A. B.

(5) De Opif. Homin., c. XII, p. 162, D. — Cf. Ibidem, p. 164, A. C.

Lorsque l'âme s'éloigne ainsi de sa fin, il y a une faute commise contre Dieu, et une souillure contractée par l'âme. Il y a une faute commise contre Dieu, parce que ses droits ont été méconnus; il y a une souillure contractée par l'âme, parce que le mal a fait passer sur l'image de Dieu l'ignoble empreinte de la matière. La faute appelle le châtiment; la souillure, l'expiation. Le dogme chrétien des souffrances de l'âme dans l'autre vie exprime la conclusion de la vie terrestre corrompue par le péché : il renferme le châtiment du péché et la purification de la souillure. Si l'âme tient encore à Dieu par les liens de l'amour, Dieu la purifie par le feu du purgatoire, et il l'appelle à lui lorsqu'il l'a purifiée par la souffrance. Si l'âme est totalement livrée au péché, Dieu la repousse et la condamne aux douleurs éternelles de l'enfer.

Les philosophes chrétiens se sont efforcés d'expliquer cette terrible destinée de l'âme, qui n'a point vécu de la pensée de Dieu. La plupart ont regardé les peines de la vie future comme une conséquence de la sainteté de Dieu, un châtiment infligé par la souveraine justice, une sanction nécessaire à la loi morale. Dieu doit punir le péché, autrement l'homme aurait droit d'insulter à la vérité et au bien. Il doit le punir par des peines éternelles; toute autre sanction serait insuffisante pour maintenir le règne de la vertu.

Un illustre orateur, un profond philosophe de notre temps, a expliqué l'éternelle réprobation des âmes par une cause qui se rattache moins directement à la justice et à la sainteté de Dieu. Il a dit que l'enfer est la dernière conclusion de l'amour de Dieu pour les hommes. Je regrette de ne pouvoir transcrire ces belles pages, dont la lecture fait naître en nous, au milieu des plus vives émotions, un immense besoin de réfléchir sur les mystères de Dieu et sur les destinées des âmes. Qu'on me permette du moins d'en citer quelques fragments.

« Vous invoquez la bonté, s'écrie le grand orateur, savez-vous bien ce que c'est? Savez-vous que c'est la bonté qui met le sceau à la réprobation des pécheurs? Je vous étonne sans doute; mais écoutez-moi et connaissez enfin combien sont futiles les espérances et les raisonnements de l'homme contre les jugements de Dieu.... Qu'est-ce donc que la bonté? La bonté c'est l'amour gratuit. Celui-là est bon qui aime sans cause, qui aime le premier, qui aime avec ardeur, qui aime jusqu'à mourir; et tel est l'amour de Dieu. Dieu ne nous devait rien, puisque nous n'étions pas; il ne découvrait en nous aucune raison de nous aimer, puisque nous n'avions rien avant qu'il nous eût donné quelque chose; son amour pour nous, comme pour toute créature, était donc un amour gratuit, un acte d'infinie bonté.

» Or, écoutez bien, je vous prie; l'amour, tout bon qu'il est, j'oserais dire tout aveuglément bon qu'il est, a pourtant un besoin qui est dans son essence et dont il ne peut s'affranchir: ce besoin de l'amour, étonnez-vous tant qu'il vous plaira, ce besoin de l'amour, c'est d'être aimé. L'amour pardonne tout, sauf une seule chose qui est de n'être pas aimé.... Dieu vous a prévenu d'affection de toute éternité. Vous n'étiez rien pour lui, rien pour l'univers, rien pour vous-même; il vous a choisi avant que vous fussiez. Ce corps dont vous profanez la grâce, c'est lui qui vous l'a donné comme un vase antique sorti tout pur de la main du statuaire... Au dedans de ce chef-d'œuvre, sorti de ses amoureuses mains, il a mis une lumière vivante qui se luit à elle-même et dont les rayons ont une affinité avec sa propre lumière, afin que l'une et l'autre se recherchassent pour s'unir un jour dans l'extase d'une même flamme et d'une même éternité. Mais vous, fils ingrat d'une piété si gratuite, vous avez fui l'amour qui ne vous demandait que l'amour. Vous avez ramené sur vous l'adoration que vous lui deviez,... et perdu dans la débauche d'un lâche égoïsme, vous avez préféré vivre souillé et malheureux loin de lui que d'attendre, en une paix sans reproche, l'heure de sa dernière révélation.....

» Dante a mis sur la porte de son enfer cette fameuse inscription :

> Par moi l'on va dans l'éternelle douleur,
> Par moi l'on va dans la cité de la plainte,
> Par moi l'on va dans la nation perdue...
> Vous qui entrez, laissez l'espérance.

» Mais pourquoi laisser l'espérance? Pourquoi en un lieu où la bonté divine doit se trouver, puisqu'elle est inséparable de Dieu, faut-il abdiquer toute heureuse perspective, si lointaine qu'elle soit? Le poète nous l'explique dans un vers que je ne me rappelle jamais sans un tressaillement d'admiration :

> C'est l'éternelle justice qui m'a fait, et le premier amour.

» Si ce n'était que la justice qui eût creusé l'abîme, il y aurait du remède; mais c'est l'amour aussi, c'est le premier amour qui l'a fait : voilà ce qui ôte toute espérance. Quand on est condamné par la justice, on peut recourir à l'amour; mais quand on est condamné par l'amour, à qui recourra-t-on?... Ce n'est pas la justice qui est sans miséricorde, c'est l'amour. L'amour, nous l'avons trop éprouvé, c'est la vie ou la mort; et s'il s'agit de l'amour d'un Dieu, c'est l'éternelle vie ou l'éternelle mort (1). »

Dans la philosophie de saint Grégoire, c'est aussi l'amour de Dieu pour les âmes qui est la dernière raison de leurs souffrances; mais c'est un amour plus persévérant, qui ne se tourne pas à la haine et au désir de la vengeance. Dieu ne se lasse jamais; il poursuit et poursuit toujours ce qui est à lui : le bien,

(1) Œuvres du R. P. Lacordaire, Confér. 72e, de la sanction du gouvernement divin, p. 564-569. Édit. in-12.

dont il veut reconquérir la possession. Il ne néglige aucun moyen pour atteindre son but : il ne s'arrête que devant les prescriptions inviolables de l'ordre et de la justice, comme il s'arrêtait, pendant la vie terrestre des âmes, devant le respect dû à leur liberté. Dieu veut posséder les âmes et les appeler à lui, c'est-à-dire à la participation de sa vie par la vérité, le bien, la beauté et la béatitude. Mais il est une loi que l'amour même ne saurait violer : c'est que l'union avec Dieu ne doit pas s'accomplir, si la nature de l'âme est en contradiction avec la nature de Dieu. Dieu ne s'unit qu'aux âmes qui portent son image. L'âme s'est dégradée et couverte d'ignominie par ses affections charnelles et grossières, par le péché : il est impossible que Dieu la reçoive dans son sein, tant qu'elle sera souillée des scories de la matière, tant que l'image divine, qui lui a été imprimée au commencement, ne sera pas revenue à sa pureté originelle.

Dieu veut donc posséder les âmes et les attirer à lui pour les rendre heureuses. Mais il ne peut les élever jusqu'à la participation de sa nature, sans les avoir dépouillées du masque hideux qui les couvre. Ce dépouillement est douloureux, mais il est nécessaire : l'amour de Dieu et le bien des âmes le demandent impérieusement. Ainsi la souffrance du pécheur s'explique par les attractions de la miséricorde. La souffrance est d'autant plus vive que la souillure imprimée à l'âme est plus profonde et plus tenace. Bien des âmes recouvreront leur beauté originelle par les purifications de la douleur : les siècles suffiront à effacer leurs souillures ; leurs maux se termineront au purgatoire, selon l'enseignement de la foi. Malheureusement, il y a des taches si hideuses et si intimes que l'éternité tout entière ne suffira pas à les effacer. Ces taches indélébiles seront abandonnées au feu de l'enfer, dont parlent les Divines Écritures.

Saint Grégoire semble avoir peur de s'arrêter à cette terrible vérité de la foi chrétienne. Plus volontiers il élargirait les portes de la cité des saints, comme le grand orateur que nous avons déjà cité (1); et il appellerait toutes les âmes à la purification, par la souffrance et par l'amour. Toutefois, sa doctrine sur l'éternité des peines n'est pas douteuse; il enseigne expressément que certaines âmes ont contracté de telles souillures que les douleurs de la purification se prolongeront jusqu'à l'infini. Il faut dire de ces âmes ce que l'Évangile dit de Judas, qu'il eût été meilleur pour elles de n'avoir jamais existé (2). Elles ont été si profondément atteintes par le mal, que l'éternité ne suffira pas à les rendre pures : leur supplice se perpétuera sans fin, comme celui de Judas. « Τῷ γὰρ διὰ τὸ βάθος τῆς ἐμφυείσης κακίας εἰς ἄπειρον παρατείνεται ἡ διὰ τῆς καθάρσεως κόλασις (3). »

Telle est la doctrine de saint Grégoire sur les peines de la vie future. La souffrance est appelée par la nécessité de la purification : la purification elle-même a sa source première dans la bonté de Dieu, qui ne veut rien abandonner de ce qu'il a créé par amour. Que l'âme revienne à son état originel, par l'anéantissement du mal qui empêche Dieu de reconnaître son image, ou qu'elle ne puisse jamais être lavée de ses ignominies, les souffrances auxquelles elle est en proie sont plutôt l'effet de l'amour de Dieu que celui de sa colère.

« Toute nature est essentiellement attractive de ce qui lui ressemble. L'âme étant semblable à la nature de Dieu, dont elle porte l'image et le sceau, est nécessairement attirée vers lui. C'est une nécessité que Dieu cherche à sauver ce qui lui appartient. Si l'âme est légère, pure et libre des afflictions corporelles, elle suivra facilement et avec joie la force divine qui l'appelle et l'attire. Mais si elle est attachée par les *clous* de ses affections aux choses matérielles, il faudra qu'elle souffre

(1) Œuvres du R. P. Lacordaire, Confér. 71e, Résultats du gouvernement divin, p. 509 et sqq.

(2) Matth. XXVI, 24. — Cf. Greg. Nyss. de Infantibus qui præmat. abrip., p. 184, A. B.

(3) De Infant. qui præmat. abrip., p. 184, A. B.

pour obéir aux attractions de Dieu..... Lorsque des corps sont entassés et perdus sous les décombres de quelque édifice écroulé, à plus forte raison, s'ils sont déjà mutilés par les ruines, percés de part en part par les pointes de fer sur lesquelles ils sont tombés,... il n'est pas possible de les retirer, pour leur rendre les derniers devoirs, sans les déchirer, et les arracher par lambeaux du milieu des décombres. Il se passe quelque chose de semblable pour les âmes, lorsque Dieu, poussé par son amour et voulant avoir ce qui est à lui, les retire du milieu des ruines de la matière. Selon moi, ce n'est point par haine et par désir de châtier une vie passée dans le péché que Dieu inflige des maux aux pécheurs. Dieu désire et veut posséder tout ce qu'il a créé par amour. C'est dans ce dessein plein de bonté que Dieu attire l'âme vers lui, car il est la source de toute béatitude; mais l'âme ne peut être ainsi attirée sans éprouver les déchirements de la douleur (1). »

Dieu doit anéantir la souillure de l'âme avant de s'unir à elle; mais parce que la souillure tient à la substance même de l'âme, la purification n'est pas possible sans la souffrance. Il faut du feu pour dégager l'or de tout mélange impur. Un câble qui est tout imprégné de matières étrangères ne peut passer par une ouverture étroite, sans être tiré avec violence et fortement comprimé (2). « La même chose a lieu pour l'âme. Enveloppée, embarrassée de ses affections matérielles, elle souffre nécessairement, par la violence de l'attraction, lorsque Dieu veut reprendre ce qui est à lui. Il faut que l'enveloppe étrangère profondément attachée à l'âme soit enlevée. C'est ce dépouillement qui cause à l'âme les douleurs auxquelles elle est en proie (3) : » douleurs vives, intolérables, mais proportionnées

(1) De Anim. et Resur., p. 97, B. C. D.

(2) Cf. Ibidem, p. 100, A. B.

(3) Ibidem, p. 100, B. C.

à la souillure, et toujours provoquées par l'amour de Dieu, qui veut attirer l'âme à la participation de sa béatitude (1).

Une grande pensée morale est la conclusion de cette doctrine sur la souffrance. Réfléchissant que certaines souillures auront besoin d'une éternelle purification, saint Grégoire s'est écrié en s'adressant à sa sœur : « Votre doctrine est à peine une consolation, lorsque l'on se représente combien il est pénible d'endurer une seule souffrance pendant toute une année. Si cette insupportable douleur doit être prolongée jusqu'à une distance éternelle, quelle consolation reste-t-il, quelle espérance est laissée à celui dont la punition est mesurée par toute une éternité (2)?... »

Sainte Macrine répond à son frère : « Il faut donc faire tous ses efforts pour conserver son âme sans aucune tache, et libre des ignominies du péché. Si cela est impossible, à cause des passions auxquelles notre nature est livrée, il faut au moins faire en sorte que les revers de la vertu soient des fautes légères et faciles à guérir (3). »

§ V.

La doctrine de saint Grégoire sur la vie des âmes offre de singulières analogies avec ce qu'il y a de plus élevé dans la philosophie de Platon. — Pour saint Grégoire comme pour Platon, la vérité, la beauté et le bien ne sont qu'une seule et même chose : c'est l'être, τὸ ὄντως ὄν, ce qui est vraiment, Dieu lui-même (4).

« La vérité, dit saint Grégoire, est la ferme *intellection* de ce

(1) Cf. de Anim. et Resur., p. 100, c. D. ; 101, A. B.
(2) De Anim. et Resur., p. 101, B.
(3) Ibidem, p. 101, C.
(4) Cf. Platon, Phèdre, c. XXVII, XXVIII, p. 248, 249, et sqq.

qui est... Essence suprême et cause universelle de laquelle tout dépend,... elle est toujours la même, sans éprouver jamais aucune augmentation, ni aucune défaillance. Elle est inaccessible à toutes les vicissitudes du mal et du bien : elle ne descend point à ce qui est inférieur, il n'y a rien de plus parfait auquel elle puisse s'élever. Seule, elle n'a besoin d'aucun être ; tous les autres êtres ont besoin de ses dons ; ils participent tous à ses largesses ; et cette profusion d'elle-même ne l'appauvrit jamais (1). »

Platon avait dit, en parlant de la beauté : « Elle est absolument invariable et identique par elle-même. Toutes les autres beautés participent à la sienne, de manière cependant que leur naissance ou leur destruction ne lui apporte ni diminution, ni accroissement, ni le moindre changement (2). »

« Les biens véritables, dit saint Grégoire, ne procurent point une jouissance passagère ; ils ne paraissent point agréables à quelques-uns et inutiles à d'autres ; ils sont toujours biens, dans toutes circonstances, et pour tous ceux auxquels ils arrivent ; ils sont toujours les mêmes, et n'admettent aucun mélange de mal. Quiconque voudra sérieusement réfléchir, comprendra que les vrais biens ne se trouvent que dans l'essence éternelle de Dieu (3). » — « La vraie beauté, avait dit Platon, n'est ni engendrée ni périssable ; elle est exempte de décadence et d'accroissement : elle n'est point belle dans telle partie, et laide dans telle autre ; belle seulement en tel temps, en tel lieu, dans tel rapport ; belle pour ceux-ci, laide pour ceux-là (4). »

Tous deux font consister la vie de l'âme dans la contemplation et dans l'amour de cette essence éternelle qui est tout à la fois vérité et beauté. « La vie de l'âme consiste à regarder

(1) Greg. Nyss. de Vitâ. Moys., p. 333, B. D.
(2) Platon, Banquet, c. XXIX, p. 211, B.
(3) Greg. Nyss. In Eccle. Homil., VIII, p. 737, B. C.
(4) Platon, Banquet., c. XXIX, p. 211, A.

Dieu, dit saint Grégoire (1). » — « Contempler la suprême beauté, dit Platon, c'est la vie des Dieux (2). » Les âmes sont appelées à la même vie : « Celui qui arriverait à contempler la beauté, celui-là toucherait à sa fin (3). »

Tous deux avouent qu'il n'est pas donné aux âmes de contempler la beauté dans son essence, pendant leur séjour sur la terre. Elles doivent s'élever peu à peu, par l'étude de la science et par le spectacle des beautés de la nature, jusqu'à la contemplation de l'éternelle et immuable beauté. « Les cieux racontent la gloire du Seigneur ; la création révèle à l'âme celui qui est le maître de la création ; et la sagesse qui éclate dans le monde, celui qui est la sagesse elle-même. Lorsqu'elle contemple la beauté du soleil, elle pense instinctivement à la beauté de la vraie lumière... Que l'homme tourne ses regards vers la terre, qu'il contemple les moissons, les germes des plantes, les raisins parvenus à la maturité, la beauté de l'automne, ses fruits et ses fleurs... Pourra-t-il regarder tous ces spectacles et ne pas y trouver, avec la connaissance de celui qui est, une source infinie de jouissances (4) ?... »

« Pour arriver à cette beauté parfaite, dit Platon, il faut commencer par les beautés d'ici-bas ; et, les yeux attachés sur la beauté suprême, s'y élever sans cesse en passant pour ainsi dire par tous les degrés de l'échelle, d'un seul beau corps à deux, de deux à tous les autres, des beaux corps aux beaux sentiments, des beaux sentiments aux belles connaissances, jusqu'à ce que, de connaissances en connaissances, on arrive à la connaissance par excellence, qui n'a d'autre objet que le beau

(1) Greg. Nyss. de Infant. qui præmat. abrip., p. 173, C. D.

(2) Platon, Phèdre, c. XXVIII, p. 248, A.

(3) Platon, Banquet, c. XXIX, p. 211. B. C.

(4) Greg. Nyss. de Infant. qui præmat. abrip., 181, A. D. Voir la traduction de tout ce passage, p. 149.

lui-même, et qu'on finisse par le connaître tel qu'il est en soi (1). »

La contemplation directe et sans intermédiaire succèdera, pour les âmes pures, à la contemplation par le symbole ou par le souvenir. Chez les disciples de Socrate, la future vision de l'éternelle beauté est une aspiration et un pressentiment :

« O mon cher Socrate, continua l'étrangère de Mantinée, ce qui peut donner du prix à cette vie, c'est le spectacle de la beauté éternelle... Quelle ne serait pas la destinée d'un mortel à qui il serait donné de contempler le beau sans mélange, dans sa pureté et sa simplicité ; non plus revêtu de chairs et de couleurs humaines, et de tous ces vains agréments condamnés à périr ; à qui il serait donné de voir face à face, sous sa forme unique, la beauté divine (2) ! »

Pour les disciples de l'Évangile, cette félicité est plus qu'une espérance et un pressentiment : c'est la destinée qui attend toutes les âmes exemptes de souillures. « Arrivée à cette fin suprême, l'âme ne connaîtra plus l'indigence, elle aura la plénitude de toutes choses et portera ainsi le cachet de la béatitude divine, qui est la connaissance et l'amour de la beauté;... beauté inaccessible aux dédains de la satiété, parce que la satiété ne saurait atteindre ce qui est essentiellement beau ;... amour sans limite et sans fin, parce que la beauté n'étant circonscrite par aucune borne, l'amour ne saurait être plus circonscrit que la beauté (3). »

Peut-être ne serait-il pas impossible de trouver encore dans les ouvrages de Platon des traces de la doctrine de saint Grégoire sur les funestes effets du péché. Platon croit à la beauté originelle des âmes. Elles vivent d'abord de la vie des dieux ;

(1) Platon, Banquet, c. XXIX, p. 211, C. D.

(2) Plat., Banquet, p. 211. D. E. — Pour tout le passage du Banquet, voir la traduction de M. Cousin, p. 316-318.

(3) Greg. Nyss. de Anim. et Resur., p. 96, D.; 97, A.

elles ont la même nourriture, les mêmes priviléges et la même beauté. Le péché, c'est-à-dire la négligence qu'elles apportent à regarder les choses qui sont véritablement, τὰ ὄντα ὄντως, ternit leur beauté et leur imprime une souillure. Cette souillure les rend lourdes, pesantes, incapables de se soutenir dans les sublimes régions du Ciel ; elles tombent ainsi par leur propre poids jusque dans les corps grossiers qu'elles habitent. La vertu entretenait les ailes de l'âme ; le péché lui ravit ses ailes et l'empêche de s'élever jusqu'à la contemplation de la vérité et du beau (1). Les passions sont alimentées par cette funeste alliance de l'âme avec la matière. Elles deviennent comme des *clous* qui l'attachent aux choses terrestres et la rendent de plus en plus grossière et matérielle (2).

Saint Grégoire a réfuté la préexistence des âmes dans un monde invisible. La doctrine platonicienne de leur purification par la métempsycose lui paraît une hypothèse inutile et sans fondement. Mais pour lui comme pour Platon, le péché est une négligence de l'âme à regarder l'être véritable ; il lui imprime une souillure ; c'est un masque hideux jeté sur l'image de Dieu, dont l'âme resplendissait à son origine. L'âme perd son caractère divin pour revêtir les ignobles livrées de la matière ; elle devient lourde et pesante ; elle ne peut plus regarder Dieu ; ses passions et ses affections terrestres sont des *clous* qui la transpercent et la tiennent fixée à la matière. De là les intolérables souffrances que l'âme est obligée de subir pour être déliée de ses entraves et purifiée de ses souillures (3). Telle est même la force des liens que certaines âmes contractent avec la chair par leur amour des voluptés sensuelles, qu'il faudrait une seconde mort pour les arracher à la terre. Elles ont horreur du monde invisible ; elles cherchent à rester dans celui-ci : « Si

(1) Cf. Platon, Phèdre, c. XXV-XXVIII, p. 246-249.
(2) Cf. Idem. Phédon, c. XXX-XXXIII, p. 81-84.
(3) Greg. Nyss. de Anim. et Resur., p. 97, 99.

l'opinion vulgaire sur les apparitions des morts était vraie, dit saint Grégoire, j'en trouverais une cause naturelle dans cette dégradation de certaines âmes (1). » Socrate croit aux apparitions des ombres au milieu des tombeaux; il les explique de la même manière que saint Grégoire. « Ce ne sont pas les âmes des justes, dit-il, qui sont ainsi errantes; ce sont celles des méchants qui sont devenues charnelles à force d'aimer la volupté : elles portent les peines de leur première vie qui a été mauvaise (2). »

Saint Grégoire professe une haute estime de Platon; il l'appelle le plus grand des philosophes étrangers à la foi (3). On sent qu'il l'admire encore plus qu'il ne l'avoue, aux nombreuses réminiscences platoniciennes que renferment ses écrits. Platon lui a-t-il inspiré la doctrine de la vie des âmes en Dieu? Une telle inspiration n'était pas nécessaire. Saint Grégoire ne fait que développer un enseignement dont nos Divines Écritures sont toutes pleines. Lorsque Dieu veut se faire connaître à Moïse, il se nomme lui-même *Celui qui Est, Ego sum qui sum.* Il est la lumière qui illumine tout homme venant en ce monde (4). « Je suis la voie, la vérité et la vie, » dit le Verbe fait chair (5). Dieu est connu ici-bas par les créatures qui racontent sa gloire : « Cœli enarrant gloriam Dei (6). » Un jour, nous le verrons face à face, tel qu'il est; nous vivrons de son amour; sa béatitude sera la nôtre, et nous serons participants de sa nature (7). Nous verrons Dieu, dit saint Augustin, nous l'aimerons, nous serons semblables à lui (8).

(1) Greg. Nyss. de Anim. et Resur., p. 88, C.
(2) Cf. Platon, Phédon, c. XXX, p. 81.
(3) De Infant. qui præmat. abrip., p. 164, D.
(4) Joan. I, 9.
(5) Joan. XIV, 6.
(6) Ps. XVIII, 2.
(7) I Cor., XIII, II, Petr. I, 4.
(8) Cf. August. de Civitat. Dei, L. XXII, c. XXX.

Personne ne doit plus à Platon que saint Augustin : il ne lui a pourtant point emprunté cette doctrine. Il en est ainsi de saint Grégoire. Au milieu de bien des erreurs, Platon a parfois des intuitions sublimes de cette lumière qui luit à tout homme venant en ce monde. Saint Grégoire corrige les erreurs de Platon par l'Évangile; il lui emprunte sa haute raison et la poésie de son langage pour traduire la philosophie chrétienne et la rendre accessible à toutes les intelligences.

C'est aussi dans l'Écriture, beaucoup plus que dans les livres de Platon, qu'il a puisé sa doctrine de la purification des âmes par la souffrance. Le péché, disent nos Saints Livres, est une lèpre dont l'âme est atteinte, une souillure qui lui est imprimée (1). L'âme ne peut jouir de Dieu tant qu'elle portera les traces de sa dégradation, car rien d'immonde n'entrera dans le royaume de Dieu. — La souffrance a la vertu de purifier les souillures de l'âme, comme le feu purifie l'or et l'argent (2). L'Écriture parle de malédictions lancées contre les pécheurs; « discedite maledicti. » Saint Grégoire n'ose pas joindre la malédiction à la souffrance; il y mêle, au contraire, de l'affection et de la bonté. C'est l'amour plutôt que la colère qui cause les souffrances de l'âme. Ne peut-on pas dire, dans le sens de saint Grégoire, que Dieu continue toujours d'aimer les âmes; il ne hait et ne maudit que le péché, parce que le péché l'empêche de posséder les âmes. Dieu ne hait rien de ce qu'il a créé par amour, dit saint Grégoire. — Ce n'est que la traduction de ce passage du livre de la Sagesse :

« Vous aimez tout ce qui est, et vous ne haïssez rien de tout ce que vous avez fait; vous n'avez rien créé, rien établi avec haine.... Mais vous êtes indulgent envers tous, parce que

(1) Apocal. XXII, 11; Ezech. XXIX, 13; Deuter. XXIX, 17; VII, 26; Ps. L.

(2) Cf. Eccli. II, 5.

tout est à vous, Dieu, qui aimez les âmes. — Diligis enim omnia quæ sunt, et nihil odisti eorum quæ fecisti : nec enim odiens aliquid constituisti, aut fecisti.... Parcis autem omnibus : quoniam tua sunt Domine, qui amas animas (1). »

(1) Sap. XI, 25.

CHAPITRE VIII.

CONCLUSION.

§ I.

On lit ces paroles dans la dédicace que saint Grégoire a consacrée à son frère en lui envoyant le traité de la Formation de l'Homme : « Nous implorons la bienveillance de nos lecteurs, et nous les prions de nous pardonner si notre ouvrage reste au-dessous de la grandeur de son sujet. Car nous voulons examiner tout ce qui concerne l'homme : ce qui a rapport à son origine, ce qui regarde sa destinée, toutes les choses que nous remarquons en lui (1). »

Les paroles de saint Grégoire n'ont rien d'exagéré : le traité de la Formation de l'Homme réalise bien le but qu'elles annoncent. Toutefois, elles paraîtront encore plus frappantes de vérité, si l'on veut joindre au livre dont il s'agit tous les autres ouvrages du même genre que nous avons fait connaître. Leur ensemble constitue une véritable histoire de la nature humaine, et, je ne crains pas de le dire, l'une des plus complètes que la philosophie ait écrites.

Saint Grégoire n'a rien omis « des choses qui concernent

(1) De Opif. Homin., p. 128, A. B.

l'homme. » Il distingue les deux natures dont il est composé, et il les étudie l'une et l'autre avec une religieuse attention. L'âme est la plus noble : c'est sur elle qu'il fixe principalement ses regards. Il ne se fait aucune concession à lui-même ; il constate l'existence de l'âme ; il en démontre la spiritualité et l'immortalité par les procédés exclusivement rationnels. Ce n'est qu'après avoir répondu à toutes les exigences de la philosophie, qu'abandonnant les lenteurs de la méthode expérimentale et s'élevant sur les ailes de la foi, il pénètre jusque dans le sein de la Divinité pour achever la science de l'âme, en la comparant à son éternel exemplaire.

L'âme vient de Dieu : elle doit retourner à Dieu. Elle a puisé en Dieu le principe de son existence et sa beauté originelle ; elle doit encore puiser en lui la raison de sa vie céleste et sa suprême félicité. La vie terrestre est un intermédiaire placé entre le point de départ et le terme final. Cet intermédiaire n'est pas plus étranger à Dieu que le commencement et la fin de l'âme. L'âme doit se nourrir de la pensée de Dieu ; sa vie est de regarder vers celui qui lui a donné l'existence et qui lui promet la béatitude. L'âme est unie à un corps, parce que le corps lui est nécessaire pour exercer son royal domaine sur la création, et sanctifier les êtres privés d'intelligence (1). Appelée à l'existence en même temps que lui, à l'origine même des choses, elle apparaît à la vie visible le même jour et à la même heure que lui ; elle développe et manifeste ses facultés à mesure que le corps développe et manifeste les siennes, sous l'action bienfaisante de la nature, ou plutôt du Créateur même de la nature (2). De mystérieux rapports les unissent et maintiennent leurs facultés dans une harmonieuse correspondance. Ce que nous appelons la mort n'est qu'un état transitoire ; le corps et l'âme doivent se retrouver un jour, plus parfaits l'un et l'autre,

(1) De Infant. qui præmat. abrip., p. 172, 174.
(2) Cf. de Opif. Homin., c. XXIX, p. 235-240.

pour jouir ensemble de la béatitude divine. Les philosophies ont coutume d'interrompre l'histoire de l'homme à la mort; saint Grégoire la continue jusque dans le tombeau, au risque de s'égarer : il nous dit ce qu'il pense des débris du corps. L'âme, que sa nature spirituelle laisse libre des entraves de l'espace et de la matière, n'abandonne point les éléments corporels qui lui appartiennent; elle reste avec eux et les suit toujours, en quelques lieux que la dissolution les emporte (1). Au jour de la reconstitution de l'humanité, les débris de nos corps se réuniront d'eux-mêmes, comme les ossements dont il est parlé dans la prophétique vision d'Ézéchiel, et l'âme les vivifiera de nouveau (2).

Saint Grégoire n'exagérait donc pas en écrivant à son frère qu'il voulait embrasser toute la science de l'homme, son origine, sa nature, sa destinée. Il aurait pu ajouter, sans sortir de la modestie de son caractère, qu'il n'omettrait aucune des grandes questions soulevées par la raison humaine. Sa psychologie touche à toutes les parties de la science. — Elle renferme une théodicée. Saint Grégoire démontre l'existence de Dieu par les deux procédés dont les philosophes ont coutume de se servir. Le spectacle de la nature lui révèle l'existence d'une sagesse infinie: c'est l'application de la méthode analytique (3). « C'est une philosophie sensible et populaire, dit Fénelon, dont tout homme sans passion et sans préjugé est capable (4). » L'idée même de Dieu lui fournit une autre démonstration beaucoup plus directe, mais, comme dit encore Fénelon, « beaucoup moins accessible au commun des hommes qui dépendent de leur imagination (5). » Selon saint Grégoire, l'intelligence ne peut concevoir la vérité

(1) De Anim. et Resur., p. 44, 45, 48.
(2) Ézéchiel, c. XXXVII.
(3) Greg. Nyss. de Anim. et Resur., p. 23-28.
(4) Traité de l'Exist. de Dieu, 1re partie, chap. Ier.
(5) Ibidem.

sans concevoir Dieu lui-même ; car la vérité est la ferme *intellection* de ce qui est, et Dieu est l'être par excellence, *Celui qui Est* (1). Cette notion de Dieu est féconde ; tous ses attributs en découlent naturellement. Le spectacle de la nature la complète en nous faisant comprendre l'infinie variété des perfections renfermées dans l'unité de l'être : « La sagesse, la puissance, la bonté, la sainteté, la béatitude, la perpétuité, le titre de Sauveur et de Juge (2). »

« L'étendue des cieux nous aide à comprendre l'immensité de Dieu ; la stabilité de la terre nous donne l'idée de son immutabilité ; la lumière du soleil qui éclaire tous les êtres nous fait concevoir comment la Providence divine s'étend à chacun des hommes... » Pour saint Grégoire, la Providence de Dieu est pleine de mansuétude et de miséricorde ; les actes qui nous semblent justice et rigueur sont encore inspirés par l'amour (3). S'il frappe les enfants au seuil même de la vie, c'est afin que le vice ne ternisse pas la beauté de leurs âmes (4). S'il frappe les pécheurs au milieu de leur course égarée, c'est qu'il les voit incorrigibles, et qu'il veut les empêcher de se dégrader davantage, par l'accumulation des crimes. Appelés au festin de la vie, ils ne songent qu'à se plonger dans l'ivresse ; Dieu qui les a conviés les fait sortir du festin avant que l'ivresse soit devenue débauche et abrutissement. « Car il ne veut pas que sa table soit déshonorée (5). » Lors même qu'il inflige aux méchants les éternelles souffrances de la damnation, Dieu ne bannit pas encore le sentiment de la bonté : il voudrait purifier les âmes, et les appeler à partager sa béatitude ; mais les souillures du

(1) Cf. de Vita Moys., p. 333.

(2) In Cantic. Homil. II, p. 784, A. B.

(3) Cf. de Infant. qui præmat. abrip., p. 188. D.

(4) Cf. Ibidem, p. 184, C. D.

(5) Ibidem, p. 184. D.

péché sont si grandes que l'éternité ne suffira pas à les faire disparaître (1).

Le fondement de la morale découle de la notion de Dieu et des rapports de l'âme avec son Créateur. Dieu est le souverain bien, comme il est la souveraine vérité. La vertu consiste dans la libre détermination par laquelle l'âme se tourne vers Dieu vérité, pour le connaître, vers Dieu bien et beauté, pour l'aimer. Le mal n'est pas de l'être. Il n'existe que par la volonté de l'homme ; c'est la libre préférence que l'âme donne aux biens apparents sur le bien réel ; c'est une idolâtrie, car l'âme fait sa divinité des objets auxquels ses passions l'asservissent (2). — « Chacun fait son Dieu de celui qu'il aime, dit Platon ; il lui érige une statue en son âme pour lui rendre hommage et célébrer des fêtes en son honneur (3). » Il n'est pas jusqu'à la question cosmologique de la constitution des substances corporelles qui n'ait été scrutée par saint Grégoire ; nous croyons qu'il a devancé, pour la résoudre, les plus hardies conjectures de Leibniz. — Saint Grégoire a implicitement résolu la question de la nature des idées par la notion qu'il donne de la vérité : c'est un rapport de l'intelligence avec Dieu lui-même, une ferme *intellection* de ce qui est (4). On peut regretter néanmoins qu'il ait omis une solution plus directe.

§ II.

Au moment où saint Grégoire écrivait, il y avait déjà longtemps que la Grèce avait divulgué les systèmes de ses philo-

(1) Cf. de Infant. qui præmat. abrip., p. 184, A. B.

(2) Cf. Greg. Nyss. in Eccle. Homil. VIII, p. 744, A. B.

(3) Platon, Phèdre, c. XXXIII, p. 252, E.

(4) Cf. de Vita Moys., p. 333. — De Infant. qui præmat. abrip., p. 175, 176.

sophes. Les nombreux disciples d'Épicure trouvaient partout quelques disciples de Zénon, pour protester contre la honteuse théorie de la volupté. Le Christianisme contribuait à mettre la doctrine platonicienne en honneur. Platon avait servi quelquefois de précurseur à l'Évangile; on devenait chrétien sans cesser de l'admirer. Malgré la gloire dont le nom de Platon était environné, celui d'Aristote n'était ignoré nulle part : les péripatéticiens avaient leurs écoles à côté de l'Académie. Toute la philosophie grecque semblait s'être donné rendez-vous à Alexandrie; elle y avait rencontré le judaïsme savant, l'Évangile et le mysticisme de l'Inde.

Saint Grégoire passa sa jeunesse dans l'étude de la rhétorique et de la philosophie. Libanius et Basile-le-Grand furent ses maîtres; il aime à se rappeler leurs leçons; ce souvenir lui cause une sorte d'orgueil mêlé de reconnaissance et de joie (1). Son amour de l'étude alla quelquefois jusqu'à la passion. Saint Grégoire de Nazianze lui reproche d'avoir abandonné les fonctions sacrées de lévite, pour reprendre les livres des rhéteurs et des philosophes (2). Aucun système philosophique ne lui est inconnu. Il a le matérialisme d'Épicure en horreur : bien loin d'admettre que tous les êtres sont corporels, il enseignerait plus volontiers que les corps eux-mêmes sont composés d'éléments spirituels et sans étendue. L'austère morale des stoïciens ne lui inspire aucune sympathie. Comme les péripatéticiens il veut un tempérament à la vertu elle-même : « La vertu consiste dans une juste modération, dit Aristote, μεσότης τις ἄρα ἐστὶν ἡ ἀρετή (3). »

Selon saint Grégoire, la souffrance est un mal véritable : il faut se l'imposer, parce que cela est nécessaire pour dominer les passions; mais il faut se l'imposer avec prudence et mesure

(1) Cf. Epist. 13 et 14 (tom. 46, p. 1048, 1049).
(2) Greg. Naz. Epist. 43 (alias 11).
(3) Cf. Aristot. ad Nicom., lib. II, cap. V, VI.

pour ne pas réduire le corps à l'impossibilité de servir l'âme. « La vie de ceux qui pratiquent la vertu ne doit rien avoir de rude, rien d'étrange, rien de discordant : il ne faut pas que les cordes d'une lyre soient trop tendues, elles ne résonneraient plus avec ensemble et harmonie (1). »

Aristote et Platon lui sont chers : il use avec beaucoup de discernement de leurs doctrines. Aristote le guide dans les questions qui tiennent aux sciences naturelles; il suit Platon dans celles qui touchent à la métaphysique. Sa description du corps humain, et quelques parties de sa classification des facultés de l'âme, sont empruntées à Aristote; plusieurs de ses plus hautes considérations sur Dieu et sur la vie des âmes sont des imitations de Platon, corrigé par le Christianisme.

Saint Grégoire parle d'Alexandrie dans la vie de saint Grégoire Thaumaturge : il peint en quelques mots l'importance que ses nombreuses écoles lui ont donnée : « La ville d'Alexandrie, dit-il, est le rendez-vous universel de la jeunesse studieuse qui veut connaître la philosophie et la médecine (2). » Les ouvrages d'Origène lui fournissaient un moyen facile de suivre le mouvement philosophique qui se faisait à Alexandrie. Origène avait été mêlé plus que personne à ce mouvement, et saint Grégoire aimait les livres de ce savant et audacieux génie. Mais il n'avait pas besoin d'un tel secours. L'étude de la philosophie grecque, puisée à ses sources les plus pures, dans Aristote et dans Platon, la profonde connaissance de nos dogmes et des doctrines juives, lui permettaient de se faire son éclectisme à lui-même, sans être obligé de recourir à celui des Alexandrins.

On lui a reproché d'avoir trop admiré Origène et d'avoir reproduit ses erreurs. Rien ne le prouve. Les opinions les plus

(1) Cf. Greg. Nyss. in Psalmos, cap. III, p. 441-444. — Idem. de Virginit., cap. XXII, p. 405, A. B.
(2) Greg. Nyss. de Vita Greg. Thaumat., p. 904, D.

hardies de saint Grégoire, sur l'union de l'âme et du corps, ne se trouvent pas dans Origène ; il ne partage pas son sentiment sur la pluralité des âmes ; il le loue au commencement de son commentaire sur le Cantique des Cantiques (1) ; mais ailleurs il ne craint pas de réfuter sa doctrine de la préexistence des âmes. Si quelques endroits des écrits de saint Grégoire paraissent favoriser le sentiment d'Origène sur la future réhabilitation des démons et des damnés (2), saint Germain, patriarche de Constantinople, cité par Photius, nous apprend que ces passages ont été falsifiés par les origénistes (3).

Saint Grégoire doit encore plus à son propre génie qu'à l'étude et aux inspirations des philosophes. Deux qualités distinguent le génie de saint Grégoire : l'esprit d'observation et la vivacité de l'intelligence. Il doit à son esprit d'observation d'avoir été l'un des psychologistes les plus sûrs ; à la pénétration de son intelligence d'avoir été l'un des plus hardis métaphysiciens. L'esprit d'observation lui a fait choisir la méthode qui convient le mieux à la psychologie ; il s'est attaché aux faits psychologiques les plus apparents ; il les a dégagés et étudiés avec une scrupuleuse analyse. Leur nature bien connue l'a conduit à la connaissance de leur cause, à la spiritualité et à l'immortalité de l'âme. La pénétration de son intelligence l'a empêché de se perdre dans l'analyse des phénomènes, et de circonscrire le domaine des réalités aux choses qui frappent les sens. Il s'est élevé jusque dans les plus hautes régions où puisse pénétrer l'esprit humain ; il y a vu le principe de toutes les réalités, celui qui est l'être par excellence, la vérité immuable, la beauté primordiale dont la participation seule peut rendre belles les choses qui nous attirent par leur beauté. Saint Grégoire se place ainsi l'un des premiers, par le mérite et par l'ordre des temps dans

(1) In Cantic. procem. ad Olympiad., p. 764. B.
(2) Cf. Greg. Nyss. de Opif. Homin., c. XXI, p. 201.
(3) Photius, cod. 133, (Patrol. Græc. Migne. tom. 44, p. 51.)

cette brillante école de philosophes chrétiens, dont les doctrines, puisées à la triple source de l'Évangile, de la raison et des sublimes intuitions de Platon, sont une gloire pour l'esprit humain et l'un des plus beaux hommages rendus à la supériorité de la foi.

Saint Grégoire a ses hardiesses, si l'on veut, ses témérités philosophiques. Il ne faut pas l'en blâmer; c'est un des caractères du génie d'oser plus que le vulgaire. L'Église le compte parmi ses plus illustres docteurs : elle ne trouve rien à condamner dans sa doctrine (1). C'est une preuve de la liberté de penser qu'elle laisse à ses enfants; elle les pousse elle-même à la recherche de la vérité; elle ne les arrête que là où l'hypothèse serait en contradiction avec une vérité incontestable. Alors la voix de l'autorité n'est plus un joug; elle n'est que l'expression du sens commun, car la vérité n'est jamais opposée à la vérité.

Bien des circonstances de la vie de saint Grégoire prouvent qu'il était d'un caractère doux et modeste, irrésolu et timide plutôt que téméraire (2). L'étude et la méditation lui ont donné une hardiesse et une indépendance de pensées qu'il n'avait pas dans la vie pratique. Saint Basile lui inflige parfois de dures leçons, et le réprimande vivement de ses faiblesses ou de ses imprudences (3). Lorsqu'il s'agit d'envoyer un député au pape Damase, pour réclamer son intervention dans les affaires d'Orient, les évêques de la province de Cappadoce inclinent pour que l'on envoie l'évêque de Nysse. Saint Basile ne veut pas y consentir; son frère, dit-il, est complétement dénué d'expé-

(1) Photius, cod. 133, (Patrol. Græc. Migne, tom. 44, p. 51): Menæum Græc. X Januarii, Patrol. Græc., tom. 44, p. 48.

(2) Cf. Greg. Nyss. Epist. I, contra Helladium.

(3) Cf. Basil. Epist. 58, Gregorio fratri; D. Maran Vit. S. Basil., cap. XVI, III, IV. — Basil. Epist., 100. Eusebio Samosat; et note de D. Maran. — Basil. Epist., 169 et 171, Gregorio; D. Maran Vit. S. Basil., cap. XXX, IV.

rience et absolument impropre à une telle négociation (1). Nous n'avons pas à juger l'administration de saint Grégoire, mais le caractère de ses ouvrages et de sa philosophie.

§ III.

Un illustre écrivain a porté sur saint Grégoire de Nysse un jugement sévère que les études auxquelles nous nous sommes appliqué ne nous permettent pas de partager.

« Il hésitait, dit-il, entre Platon et l'Évangile; et la trace de ses longues incertitudes se retrouve jusque dans les abstractions philosophiques qui bigarraient sa théologie (2). »

L'amour des lettres profanes faillit en effet arracher saint Grégoire au sanctuaire. Nous le savons par une lettre de Grégoire de Nazianze, qui va jusqu'à reprocher à son ami de préférer le titre de rhéteur à celui de chrétien (3). Cet amour ne fut point perdu pour l'Église. Saint Grégoire fit servir la science profane à orner le tabernacle du vrai Dieu; il sut faire ressortir la haute philosophie du Christianisme, comme son frère Basile-le-Grand, comme Grégoire de Nazianze lui-même, « sans altérer la pureté de ses dogmes, et tout en restant leur plus ferme défenseur après la mort de saint Basile (4). »

« Le recueil de ses ouvrages nous offre un Hexaméron,

(1) Basil. Epist., 215, Dorotheo presbytero; D. Maran in Vit. S. Basil., cap. XXXIII, vi.

(2) Tableau de l'Éloq. chrét. au IVe siècle, p. 154-155.

(3) Greg. Naz. Epist. XI (alias 43).

(4) Cf. Epigram. Nicetæ, de S. Greg. Nyss. Patrol. Græc., tom. 44, p. 124.; Menæum Græc. X Januarii, Patrol. Græc., tom. 44, p. 48.

comme celui de saint Basile, et quelques discours sur la création de l'homme, où se trouvent de curieux détails d'anatomie. »

Nous savons ce qu'il faut entendre par ces quelques discours sur la création de l'homme. Nous en avons donné l'analyse et exposé la doctrine. C'est un traité complet de l'homme, et assurément l'un des plus beaux que la philosophie chrétienne ait jamais composés. Quant aux détails anatomiques, le dernier chapitre en contient en effet de bien curieux pour l'époque. Mais ces détails sont singulièrement relevés par les réflexions qui les accompagnent, par les images et les comparaisons dont saint Grégoire orne et embellit cette description scientifique. Nous en avons cité quelques passages; on peut les relire : ils ne seront pas inutiles pour apprécier l'exactitude des traits suivants par lesquels M. Villemain caractérise le genre et le style de saint Grégoire :

« L'évêque de Nysse n'avait pas, comme saint Basile, le don de tout embellir par l'imagination et le sentiment. Sa méthode est sèche, ses allégories sont subtiles. »

Je n'ai pas assez étudié saint Basile pour vouloir porter un jugement sur son style et le comparer avec celui de son frère. Mais, je ne crains pas de le dire, c'est une grave erreur de supposer que saint Grégoire manque d'imagination et n'a pas le talent d'orner sa composition. Je lui reprocherais plutôt d'être excessif en figures, en comparaisons, en couleurs et en images. Qu'on relise le passage où il raconte la résurrection du fils de la veuve de Naïm (1). Les développements qu'il ajoute à l'Évangile respirent la pitié, la grâce et la fraîcheur. On peut dire de son récit ce qu'il dit lui-même de celui de l'Évangile : « Il est plein de larmes. » Nous disions tout à l'heure que pour saint Grégoire la Providence de Dieu est toute mansuétude et miséricorde. Il compare la vie à un banquet auquel Dieu a

(1) Greg. Nyss. de Opif. Homin., c. XXV, p. 217. 220.

convié tous les hommes (1). Lorsque la mort frappe les pécheurs, c'est la bonté divine qui les fait sortir de la salle du festin, avant que l'ivresse soit complète. N'est-ce là qu'une froide allégorie, une pensée vide de sentiment et d'imagination? J'ai éprouvé bien des surprises en lisant les œuvres philosophiques de saint Grégoire ; une des principales a été de le voir prodiguer la poésie, en traitant les questions les plus ardues de la métaphysique. — « Sa méthode est sèche. » — Évidemment M. Villemain ne parle pas de sa méthode philosophique. Saint Grégoire a eu le rare mérite d'appliquer la méthode d'induction avec une précision et une fermeté que l'on ne trouve que chez les modernes ; on pourrait ajouter : avec un luxe de comparaisons que l'on chercherait inutilement dans la plupart de leurs compositions philosophiques.

« Il n'a pas non plus cette couleur orientale qui charme dans la plupart des orateurs de l'Église grecque. »

Saint Grégoire a été plus philosophe qu'orateur. La nature lui avait refusé une parole facile, et la force nécessaire pour résister aux fatigues de la prédication. Il se plaint lui-même de la faiblesse de sa voix, dans l'un de ses discours funèbres en l'honneur des quarante martyrs de Sébaste. Je crois cependant que ses homélies sur l'Ecclésiaste, sur le Cantique des Cantiques et sur les huit béatitudes sont des monuments qui feraient honneur même à l'éloquence de saint Basile, de saint Grégoire de Nazianze et de saint Jean Chrysostôme.

« Chose singulière ! il est mystique par le raisonnement seul ; il est mystique sans être enthousiaste. » Je partagerais volontiers l'opinion de M. Villemain. Saint Grégoire n'est pas un illuminé ; il est un vrai mystique. Le mysticisme bien entendu est un accomplissement plus parfait et plus continuel du grand précepte de l'Évangile : « Tu aimeras le Seigneur ton Dieu, de toute ton âme et de toute ta pensée. » Son point d'appui le plus solide

(1) De Infant. qui præmat. abrip., p. 184. 185.

consiste dans la connaissance de la vérité ; il ne saurait avoir d'autre base que les pures lumières de l'intelligence. C'est en connaissant Dieu qu'on le connaît aimable, qu'on l'aime et qu'on s'unit à lui. Le mysticisme veut une vraie contemplation et non une fantastique imagination de la vérité et de la beauté divine. Que l'intelligence soit remplie des rayons de la beauté de Dieu, l'enthousiasme de l'amour naîtra de lui-même. Pour aimer, dit saint Grégoire, il faut avoir le regard pénétrant de la jeunesse et son cœur ardent. La vieillesse qui n'a plus de force. et l'enfance qui ne pense pas encore, sont incapables de ressentir l'amour.

« Qui n'aimerait la beauté divine, s'il pouvait l'atteindre par son regard ? La beauté que nous voyons ici-bas est petite ; la beauté divine surpasse infiniment tout ce qui nous en représente l'image. L'enfance ne connaît pas encore l'amour terrestre ; ceux qui sont accablés par la vieillesse ne sont plus accessibles à ses ardeurs. Il en est ainsi de l'amour de Dieu. L'enfant qui flotte à tout vent de doctrine et le vieillard qui touche à sa fin, ne peuvent l'éprouver : l'invisible beauté ne les frappe jamais. — Mais l'âme qui a passé l'enfance et qui a fleuri par une jeunesse spirituelle, l'âme qui n'a ni souillure, ni ride, ni rien de semblable, qui n'est pas trop jeune pour avoir le sens et à laquelle la vieillesse n'a point enlevé la vigueur, celle-là peut obéir au grand précepte de l'amour, qui nous ordonne d'aimer de tout notre cœur et de toutes nos forces ; d'aimer cette unique beauté dont la pensée de l'homme ne peut se faire aucune image (1). »

« Son âme n'est point échauffée par les grands spectacles du Christianisme naissant ; mais il a l'air d'appliquer les catégories d'Aristote à cette œuvre d'inspiration et de foi (2). »

Le Christianisme a produit diverses inspirations dans les

(1) In Cantic., hom. II, p. 784, B. C. D.

(2) Tabl. de l'Éloq. chrét. au IVe siècle, p. 134, 135.

âmes; une de celles qu'il a produites dans l'âme de saint Grégoire apparaît à la première lecture de ses ouvrages philosophiques : c'est un ardent désir de réconcilier la raison humaine avec la foi, d'unir la philosophie à l'Évangile, en l'élevant jusqu'à la hauteur de l'enseignement chrétien. Pour atteindre ce but, il s'est beaucoup plus servi de la doctrine de Platon que des catégories d'Aristote, auxquelles il n'a recours que par les nécessités de son sujet. Il faut même rendre ce témoignage à saint Grégoire, qu'étant nourri des études profanes et de la philosophie grecque, il ne fatigue jamais le lecteur par ses citations. Ce qu'il imite, il en fait sa propriété ; il laisse deviner son érudition, il ne cherche pas à en faire parade.

M. Villemain achève le portrait de saint Grégoire en avouant que « la supériorité de sa raison est souvent remarquable ; » et il cite comme exemple un passage d'une de ses lettres, dont l'objet est de blâmer l'abus des pélerinages. Nous n'avons point ici à combattre l'opinion de l'illustre écrivain. Disons cependant que les lettres de saint Grégoire ne sont pas la partie importante de ses œuvres. Le nombre en est très-restreint ; plusieurs même sont d'une authenticité douteuse ; elles ne suffisent pas pour le faire connaître. Les plus beaux ouvrages de saint Grégoire de Nysse sont le livre contre Eunomius, le traité de la Formation de l'Homme, les commentaires sur les Psaumes, les homélies sur l'Ecclésiaste et le Cantique des Cantiques, le dialogue avec Macrine, son discours sur les Morts, et son traité sur les Enfants qui sont enlevés par une mort prématurée.

Suidas appelle le traité de la Formation de l'Homme un ouvrage admirable : « Τεῦχος θαυμάσιον· » — le dialogue avec Macrine, un grand et magnifique entretien : « Μακρόν τινα καὶ περικαλλῆ λόγον. » Lorsqu'il veut parler de saint Grégoire lui-même, il le caractérise ainsi : « Grégoire, évêque de Nysse, frère de Basile, évêque de Césarée, fut un homme d'un très-grand mérite, rempli de toutes sortes de sciences, ἀνὴρ καὶ αὐτὸς ἐλλογιμώτατος, καὶ πάσης ὑπάρχων παιδείας ἀνάπλεως. Principalement appliqué aux études qui tiennent à la rhétorique, il se distingua par ses succès en ce genre, et il devint aussi célèbre que les plus fameux rhéteurs des temps anciens (1). »

A l'époque de saint Grégoire, l'étude de la rhétorique ne différait guère de celle de la philosophie (2). Sans aucun doute, les mots : « προσκείμενος δὲ μᾶλλον τοῖς τῇ ῥητορικῇ χαίρουσι, » doivent s'entendre de la philosophie autant que de la rhétorique. Le jugement de Suidas est aussi celui de Photius. Photius, comparant saint Grégoire à Théodoret, lui attribue une immense supériorité sous le double rapport de l'élocution et de la doctrine. « Il faut avouer en toute sincérité, dit-il, que saint Grégoire l'emporte autant par la grâce, l'éclat et la douceur de son style, que par l'abondance et la fécondité de ses raisonnements (3). Ces éloges ne nous semblent point exagérés. Ils répondent, du moins, aux impressions que nous a laissées la lecture de saint Grégoire, et que nous avons essayé de rendre dans nos études sur ses Doctrines Psychologiques.

(1) De Greg. Nyss. Prolegom. (Patrol. Græc. Migne, tom. 44, p. 48, A. B.)

(2) Cf. S. Greg. Nazianz. Orat. 43, XIII et XXIII ; D. Maran Vit. S. Basil., c. II, I.

(3) De Greg. Nyss. Prolegom. (Patrol. Græc. Migne, tom. 44, p. 45, D.)

Vu et lu :

Rennes, le 15 mai 1861.

Le Doyen de la Faculté des Lettres.
H. MARTIN.

Permis d'imprimer :
Le Recteur de l'Académie.
A. MAGIN.

TABLE DES MATIÈRES.

BIBLIOTHÈQUE IMPÉRIALE

8692. — Nantes, IMPRIMERIE CHARPENTIER, rue de la Fosse, 32.

www.ingramcontent.com/pod-product-compliance
Ingram Content Group UK Ltd.
Pitfield, Milton Keynes, MK11 3LW, UK
UKHW012032240726
13965UKWH00002B/743

9 782012 850071